ジェンダーフリーの

フリーの
生き方・働き方
ガイドブック

鎌倉 美智子／小岩 広宣／寺田 智輝

労働新聞社

はじめに

「最近よくジェンダーが話題になるけど、なかなかイメージが湧かない」
「会社の研修などを受けたことがあるけど、実務への活かし方が分からない」
　こんな声をさまざまな場面で耳にします。

　令和5年6月にはLGBT理解推進法（性的指向及びジェンダーアイデンティティの多様性に関する国民の理解の増進に関する法律）が施行され、7月には経産省のトイレ使用制限訴訟の最高裁判決が示されるなど、ジェンダーについての法整備や社会的な動向は目まぐるしく動いており、中小企業の現場での実務対応が求められています。

　そこで本書は、ジェンダー分野やマイノリティの採用、労務管理に詳しい2名の社会保険労務士と、当事者の立場から全国をめぐって講演活動をしている1名が、共著という形で現在進行形のリアルなジェンダーのテーマについて、書き下ろしました。

　第1章「ジェンダーフリーの採用定着」では、鎌倉美智子（みっちゃん）が、中小企業の経営者や人事担当者がジェンダーについて理解するための視点や、LGBTQも含めた具体的な採用定着のためのロードマップについて解説しています。

　第2章「『男らしさ』『女らしさ』を超えた人事戦略」では、小岩広宣（ひろりん）が、中小企業の労務管理の現場で起こっているリアルな現実、ジェンダーギャップの中での「男の生きづらさ」、多様性を実現する職場風土に向けた未来像に触れています。

　第3章「知ることは愛のはじまり」では、寺田智輝（ともき）が、幼少期からジェンダーに違和感を持ってきた苦悩の半生、さまざまな出会いから本当の自分に気づいて新たなステージに向かい、講演家として全国を駆

けめぐるリアルな姿を綴ります。

　第4章「ジェンダーを超えた働き方が日本を変える〜著者3人のディスカッション〜」では、3名がそれぞれの立場から見たジェンダーと雇用、キャリアについて縦横無尽に語り尽くしています。ぜひ、年齢もキャラも分野も違う3人の掛け合いから、笑いあり悲しみあり共感ありのリアルを感じ取ってください。

　この本が、企業の経営者や管理者、担当者のみなさんのお役に立つことができれば幸せです。同時に、ジェンダーに悩みや迷いを抱える当事者のみなさんのお力になれたり、何かのヒントになりましたら嬉しいです。

2023年12月

著者一同

目　次

第1章

ジェンダーフリーの採用定着

執筆：鎌倉美智子

ジェンダーフリーと　　　　ジェンダー・ギャップ

え…ジェンダー本を執筆？

　読者の皆様、こんにちは。採用定着士・社労士などの肩書で、中小企業の採用と定着に関する支援を専門としています、鎌倉美智子と申します。

　私は、女性らしいファッション等に対する興味関心が強めで、白やピンクや**キラキラしたもの**が好き。恋愛もそれなりにし、恋愛対象はこれまでのところ男性のみ。離婚はしましたが、結婚・出産も経験しています。昭和生まれで、セクハラを受けた経験もありましたが、軽く受け流し生きてきたため、ジェンダーについて悩んだ経験がなく、むしろ女性で生まれたことを楽しんでいます。

　そういうわけで、共著者の一人としてジェンダー本を書く流れに接したとき、はじめは「私が書いて良いのだろうか？」と感じました。

　でも、私には分類するとLGBTQの友人がいて、彼らは、楽しく質の高い時間を共有できる大切な存在です。そんな彼らも過去にLGBTQならではの苦労した経験があるようで、彼らにずっと幸せでいてほしいなと祈っていますし、また、この世にそんな生きにくさを感じている方がいるのであれば、この本がLGBTQコミュニティだけでなく、世界中の人々が**波動高く**生きられるサポートになればと、筆を取る決意をしました。

　残りの命の使い方として**波動高い**状態で生きたいと常々思っていて、**波動高い**という表現は、メタファー（隠喩）として使っているのですが、「ポジティブなエネルギーや気分・感情・思考・考え方などが放出されている状態」を表しています。

　また**波動高い人**は、周りにポジティブなエネルギーを放出するので、関わる人にそのエネルギーが伝染しますし、**波動高い**状態でいると、創造的なアイデアが次々、思い浮かびます。

　ですから仕事で、講師やコンサルティングなど人に影響を与える仕事をする前には、マインドセットの時間を取り、自分の波動を高い状態に整えてから目の前の人に向き合うようにしています。

　逆に**波動低い**とは、「ネガティブなエネルギーや気分・感情・思考・考え方などが放出されていること」を表します。波動が低い状態では、周りの人にネガティブな影響を与えたり、周りの人が気分を害したり、何より自分自身の気分も沈むのです。

　また、世界中の人が**波動高く**生きられるといいと感じてはいるものの、日本独特の課題が気になります。統計上、日本では、男性と女性にかなりのギャップ（差）があり、日本人が**波動高く**生きる上で「ジェンダーフリー」という考え方が「大切なキー」となりそうだとも思い、ジェンダーについて一度深く調べ、情報発信したいと思うようになったのです。

　私は、離婚をし、子どもの親権を手放し今は一人で暮らしているので、365日、自分の好きなときに、平日・土日・昼夜関係なく、仕事をすることが可能です。単独親権の日本において、親権者が母親である割合は8割以上です。**ジェンダーフリー**という概念について、これまであまり意識したことはありませんでしたが、子育て・働き方という観点において、性別役割意識にとらわれることなく、私は、自然と**ジェンダーフリー**で生きてきた方だといえるでしょう。

　とはいえ、生まれてこのかた**ジェンダーフリー**なゾーンで生きてきたかというと、そうではなく、過去に3年間、海外で専業主婦をするという経験もしています。優しく接してくれた元夫に、養ってもらっておいて大変失礼なことですが、私は振り返ると専業主婦時代の自分があまり好きではありません。学んだり働いて、自分の能力を発揮したり、成長したり、目の前の方に喜んでもらうことが私は大好きなのです。

そして、専業主婦という経験をさせてもらえたからこそ、「専業主婦という生き方は、私には合わない」という価値観に気づけたので、今はそんな経験ができたことにも感謝しています。「過去オール善」ですね。

こう書くと「専業主婦は良くない」という思想を持っていると誤解される方がいらっしゃるかもしれませんが、専業主婦という生き方を望む方は、それを選択したら良く、男性が専業主夫で生きることを望み、パートナーがそれを受け入れるのであればそれもよし。どう生きるかは自由であり、家族間での希望や期待の調整により決めれば良いことだと思っています。

また、筋肉の量・ホルモンの量・身体の構造が違う男性と女性の「ギャップがないこと」が良いことなのかどうかは人それぞれだと思うので、**男性と女性のギャップをなくすこと＝日本人が波動高く幸せな状態**だと決めつけることなく、続いて、ジェンダーに関する統計をチェックしたいと思います。

世界最下位レベルのジェンダー・ギャップ指数

世界経済フォーラムが発表する「ジェンダー・ギャップ指数 2023」によると、2023 年の日本の総合スコアは 0.647、順位は **146 か国中 125 位**でした。**先進国の中で最低レベル**、なんと、アジアでも韓国や中国より低い結果となっています。日本は、ジェンダー・ギャップにおいて、もはや先進国とはいえないレベルです。

図1　ジェンダー・ギャップ指数（GGI）2023年

（出所：内閣府男女共同参画局「共同参画」2023.6.21発表分）

　なぜ、日本のジェンダー・ギャップはこれほどまでに大きいのでしょうか？格差が大きい理由を見ていきましょう。

　「経済」「政治」「教育」「健康」4つの分野でスコアが出ており、日本は「教育」「健康」については男性・女性の格差が少なく、トップクラスです。しかしながら、「経済」「政治」の格差が大きく、順位が最低レベルとなっており、「経済」の順位は146か国中123位、「政治」は138位となっているのです。

　もちろん、個人差は存在しますが、男性と女性それぞれが得意な分野や能力があります。現状、女性の多様な能力や才能を十分に活用していないことは、大変もったいないと感じます。

　毎年のことながら、今回も順位の低かった「経済」「政治」分野について、「女性版骨太の方針2023」では、「女性の所得向上」「女性の登用目標達成」等、今後重点的に取り組むべき事項が定められており、「経済」分野については、女性役員比率の数値目標設定などの方針が記載されています。

　ただし、去年も同様の記載があったものの、「経済」の順位は去年と比較し121位→123位へと後退していることからみて、効果が現れるまでにさらな

る時間が必要だろうと思われます。

　次に、賃金格差についてもデータで確認しておきましょう。

ここまで違う平均給与：男性 vs 女性

　「経済」における男性・女性の格差という点で、平均給与はわかりやすい指標です。令和4年9月に国税庁より発表された「民間給与実態統計調査」によると、次のようになっています。

【平均給与の内訳】

　1年を通じて勤務した給与所得者の1人当たりの平均給与443万円（男性545万円、女性302万円）の内訳をみると、平均給料・手当は377万円（男性460万円、女性262万円）で、平均賞与は67万円（男性86万円、女性41万円）となっています。

図2　平均給料・手当及び平均賞与

区　　分		平均給料・手当 金額(a)	伸び率	平均賞与 金額(b)	伸び率	平均給与 金額(a)+(b)	伸び率	賞与割合(b)／(a)
		千円	％	千円	％	千円	％	％
平成23年分		3,497	▲ 1.2	593	2.1	4,090	▲ 0.7	17.0
24		3,490	▲ 0.2	590	▲ 0.5	4,080	▲ 0.2	16.9
25		3,527	1.1	609	3.2	4,136	1.4	17.3
26		3,526	▲ 0.0	625	2.6	4,150	0.3	17.7
27		3,556	0.9	648	3.7	4,204	1.3	18.2
28		3,571	0.4	645	▲ 0.5	4,216	0.3	18.1
29		3,642	2.0	680	5.4	4,322	2.5	18.7
30		3,710	1.9	697	2.5	4,407	2.0	18.8
令和元	男	4,491	▲ 1.3	906	0.8	5,397	▲ 1.0	20.2
	女	2,529	0.4	426	3.6	2,955	0.8	16.8
	計	3,661	▲ 1.3	703	0.9	4,364	▲ 1.0	19.2
2	男	4,494	0.1	828	▲ 8.6	5,322	▲ 1.4	18.4
	女	2,538	0.4	388	▲ 8.9	2,926	▲ 1.0	15.3
	計	3,685	0.7	646	▲ 8.1	4,331	▲ 0.8	17.5
3	男	4,598	2.3	855	3.3	5,453	2.5	18.6
	女	2,615	3.0	405	4.4	3,020	3.2	15.5
	計	3,767	2.2	666	3.1	4,433	2.4	17.7

（出所：国税庁「民間給与実態統計調査　令和3年分」）

　あらためて数値を見て、私は驚きました。昭和の時代ならまだしも、平成をへて令和の時代にここまで男性・女性の給与に差があるのです。

男性　545万円／年

女性　302万円／年

　読者のみなさんは、この賃金格差に対しどのように感じられるでしょうか？

　次に、さらにギョッとするデータに接しました。年齢階層別の平均給与もみてみましょう（図3参照）。

【年齢階層別の平均給与】

　平均給与を年齢階層別にみると、男性では60歳未満までは年齢が高くなるにしたがい平均給与も高くなり、55～59歳の階層（687万円）が最も高くなっています。

　しかしながら、女性では**年齢による差が全くといって良いほどありません。**

図3　年齢階層別の平均給与

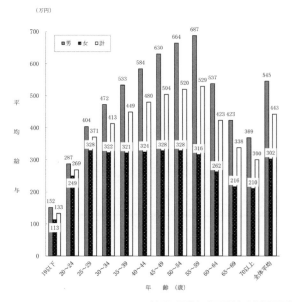

（出所：国税庁「民間給与実態統計調査　令和3年分」）

図3の黒い棒グラフが女性の平均給与なのですが、女性の給与は、25歳も35歳も45歳も55歳も年収316万円〜328万円をほんのわずか上下しているだけなのです。

　この図を目にして、ジェンダー・ギャップが先進国の中で最低レベルに位置づけられることに納得するとともに、「女性って、年を取ると価値が低下するのだろうか?」と、女性である私はふと社会で認められていないような複雑な気持ちになりました。ただ、自分の人生を思いかえすと、私はありがたいことに、ご縁のある方よりたくさんのチャンスをいただき、40代の今、仕事が楽しくて仕方がないですし、私自身、女性の職業能力が年齢とともに向上することを経験しており、その価値を深く信じています。

　40代は男性も女性も、多様な経験を通じて培った能力を最大限に発揮できる時期であるといわれます。それを活用できていない日本は、本当にもったいないことをしていると感じます。失われた30年。持続的な経済成長ができなかった日本ですが、むしろ女性の未利用の潜在能力が数多く存在することは、新たな経済成長への可能性を示しているともいえ、希望に満ちた見方もできますね。

　また正社員・正社員以外について比較すると、平均給与は正社員508万円、正社員以外198万円であり、男女別にみると、正社員については男性570万円、女性389万円、正社員以外については男性267万円、女性162万円となっており、女性は、正社員以外が多いから平均給与に大きな差がつくのかと思いきや、正社員だけで比較してみても格差が大きいのが現状です。

　女性の平均給与が低い理由の一つとして、子育てに重きを置いた働き方を選択する女性がいるという事実があります。また、改善されつつはありますが、女性が子育てを優先すべきだという固定観念が社会全体に存在することも、この問題に影響を与えています。さらに、女性が多く働く職種の賃金が一般的に低い傾向があるという問題も指摘できます。これらの要因が複合的に作用し、女性の平均給与を低くしているのが現状といえるでしょう。

　女性の平均給与が低いことに関して、ジェンダーによる決めつけ・思い込み・固定観念というような意識の部分をシフトしなければ、制度を整えたところで、日本の現状はなかなか変わらないような気がしています。

　採用・定着は、大部分、需給バランスに影響されます。低賃金の業種や職種に応募し、採用され・定着する人が多いと、会社は給与を上げる必要がないからです。

　男性の意識改革が必要だという一方、実は、女性の意識改革も大切で、自己肯定感が低く、「自分の給与はこの程度で当たり前」と思い込んでいる女性が多いことも、低賃金の原因になっているように思います。求職者有利の時代、「私が低賃金であるのはおかしい」と、職種や業種の選択、働き方の見直し、自身のマインドセットの改革を図る人が増えることで、需給バランスが崩れ、女性の平均給与向上につながるでしょう。「おかしい」と思うことが、改革の第一歩です。自身が過剰に要求をするという意味ではなく、公平な評価を受ける機会があるという認識です。誤解なく理解していただきたいと思います。

　売上が 100 で、それを 10 人で分配すると思うと、計算が合わないのですが、売り上げを 200 にして、同じ人数で分配したらよいのです。常識にとらわれず、「どうしたら生産性・売上・価値があがるかな？」と、一人ひとりがのびやかに知恵を出し、輝きだしたらと思うとワクワクします。潜在能力を発揮している女性がまだまだ少ないです。お金と労働の価値交換の中で、より能力を発揮し、豊かになるという好循環をつくりましょう。マインドさえ変われば、日本は、まだ余力がある。女性の能力はもっと高いです！　特定のジェンダーやグループの能力ではなく、個人としての多様性と能力を尊重しつつ、前進していきましょう。

ジェンダーフリーな生き方って、魂が〇む生き方だ

　私は、今では仕事や子育てにおいてジェンダーフリーな生き方をしている方だと思いますが、かつては寿退社、海外駐在員の妻としての経験、母親中

心の子育てをした経験があり、昭和生まれの典型的な女性として良い娘・良い妻・良い母というペルソナをこれが正しいと信じ、生きていた時期もありました。

「私は、自分軸で生きていない」と気が付いたのは、**産業カウンセラー**の資格を取得するため、傾聴訓練の授業で、カウンセラー役やクライアント役を経験した頃でした。

クライアント役をする際、自分の思いを話しているうちに、自己理解が深まり、望む自分と現実の自分とのギャップが大き過ぎて、当時は、そのギャップをうめるのに大変苦労しました。睡眠障害でほとんど寝ることができない時期もあり、昼夜ぼーっとして、当時、関係した人に迷惑をおかけしたと思います。自分で「適応障害」だと気づき、一度だけ病院に行ったのですが、やはりそう診断されました。心の問題なので、薬に頼りたくなくて薬を使わず治しましたが、しばらくは生きにくいと感じる日が続きました。

望む自分と現実の自分とのギャップに気づいてしまうと、望む自分で生きたくて仕方がなく、自分勝手でわがままな自分に自己嫌悪し、罪悪感にさいなまれる事もありました。「どうして、望む自分で生きられなかったのか？」というと、良い娘・良い妻・良い母というロールモデルを恋愛ドラマ、小説、漫画、両親、学校教育等で、刷り込まれていたのでしょう。それにより、当時、私の魂が求めた生き方と現実は、ずいぶん、ずれてしまっていたのです。

そのギャップを埋めるために、心理学を学んだり、「素敵だな」と感じる方に会いに行き、話しを聞かせてもらったりを何年も続けました。そんなことを続けるうち、幸せだと感じること、ワクワクすることが増え、波動があがり、たくさんの師に導いていただき、今では会社も設立し、また、お客様に仕事を通して育てていただき、とてもいい人生になったと思っています。

ジェンダーフリーな生き方というのは、「魂が望む生き方」ともいえるでしょう。そして、魂の望みを知る方法としては、自己理解を深めることが必要で、私の場合は、カウンセリングを受ける・学ぶ・読書・自分に問いかける・素敵だと思う人に会いに行き、聞く等の方法でそれが叶いました。

　過去の私は、「自分軸」「他人軸」で考えると、他人にこう思われるから○○するとか、一般的にこうだから○○するというように、「他人軸」で判断する割合が多かったのです。人生は選択の連続ですが、「自分軸」で判断し出すと、はじめはきついのですが、徐々に人生が好転します。成功したら『おかげさま・感謝』、失敗したら『原因自分論』で考え、「自分軸」で生き方を選択していくと、うまくいかないときも後悔がないのです。

　ジェンダーフリーな生き方は、「自分軸」かつ「魂が望む生き方」であり、男性・女性・LGBTQ などの社会的な枠にとらわれていたら、魂の望みは感じとれません。

　自分の「内なる声」に耳を傾けることが大切です。波動が上がるとどんどん「内なる声」が聞こえてきます。

　輪廻転生があろうとも、今世での人生は一度きり。
　「あなたは、本当はどう生きたいと思っていますか?」
　「明日、死んでも後悔しませんか?」
　「死ぬときに、あー、この人生を経験できて本当に幸せだった。と感じられそうですか?」

　私は、これからも「魂の望み」を自分に問いかけながら、いただいた残りの命を、社会の枠組みにとらわれず、波動高く生きたいなと思っています。

マイノリティの採用が
企業を活性化する

「LGBTQ」なんて分類すらなくなるといい

　多くの理解ある方々がいる中、一部の政治家が LGBTQ の人々や女性に対して差別的な発言を行うことが報道されることがあります。これは、日本における LGBTQ コミュニティに対する、一部の偏見や理解不足を象徴しているかもしれません。

　さて、読者のみなさんの身近に、LGBTQ の方はいらっしゃいますか？
　正確に測定することは難しいので推定ですが、一説では、LGBTQ の人数は左利きの人数と同じくらいいるといわれています。となると、カミングアウトしていないけれど、LGBTQ である方がかなり身近に存在するわけです。
　私が、共著者で LGBTQ 当事者のともき（寺田智輝）と出会ったのは 1 年半ほど前。まさか、こんなに仲良くなるとは思いませんでした。
　きっかけとなったのは「ご縁つむぎ大学」という教育プラットフォームです。その背後には愛に満ちた魅力的な講演家、中村文昭さんがいます。私自身、講師として活動しており、プロの講演家から「話し方」や「伝え方」を学びたいという動機で参加したこのプログラムが、結果的にともきとの出会いへとつながったのです。
　友達をつくろうと思って行ったわけではないのに、ご縁つむぎ大学は、やたら、受講生を仲良くさせる仕組みになっていて、チームでの活動など、はじめは「面倒くさいな」と思ったくらいだったのです。ただ、ご縁つむぎ大学という名称からしてご縁をつむぐことを大切にされていて当たり前。入れてもらっておいて「面倒くさい」と思う私が、未熟だと今は反省しています。

　そんなご縁つむぎ大学ですが、学びの質が高く、仕組みも素晴らしく、私はどっぷりその世界にはまりました。そして気づいたらともきとご縁が深くなっていて、私にはもうないだろうと思われた「こうあるべき」という固定観念が時折、パカっとはずれ、一層軽くなれたのです。

　私は、基本的に固定観念よりも柔軟な思考の方が、人生を豊かにすると信じています。ともきとの出会いは、その信念を一層強くしてくれました。それ以上に、私自身がまた一段と幸せを感じるようになったのです。

　仲良くなったきっかけは、京都の美山という自然豊かな場所での合宿でした。美山の美しい川で遊んでいるとき、女性として生まれたともきは男性用の海パンを穿いていました。手術後の平らな胸も隠さず、子どものように無邪気に笑って遊ぶ姿が印象的でした。その自分らしさに自然と惹かれ、徐々にともきと仲良くなっていったのです。

　ここでは詳しく説明しませんが、**身体的な性×性自認×性的指向×性表現**を自由に生きるともきは、日本人がより軽やかに生きられるよう、導いてくれるような存在だと、私は感じています。

　男性らしい、女性らしいと性別を2つに分けるから息苦しい。白黒はっきりよりも、グレーもいい。「LGBTQ」なんて分類すらなくなるといい。

　障害の分類もどんどん増えています。80億通りの生き方、考え方、個性が存在する世界で、それぞれが尊重されることは素晴らしい。

　分類が私たちを枠にはめている。

　枠や分類は確かに存在しますが、個々がそれに囚われず自由に生きられる社会を目指せば、人生はもっと楽しく、豊かになるでしょう。

日本人は、LGBTQをどう見ているのか？

　ここ数年、LGBTQの問題に対する意識が高まりつつあり、政府も同性婚を認めるような法的改革に向けて動き出している一方、同性カップルに対する差別や偏見もまだ根強い印象です。そこで一般的にLGBTQを日本人がどう見ているかについて、データをご紹介します。

2019年に集計された「国立社会保障・人口問題研究所　大阪市民の働き方と暮らしの多様性と共生にかんするアンケート報告書」によると、「男どうしや女どうしのカップルが、子どもを育ててもよいか」という質問に対し、男性の59.5％、女性の77.8％がそう思う、どちらかといえばそう思うと答えており、男性と女性の意識の差が大きいという結果が出ています（図4参照）。

　また、年代別に見ると、同じ質問に対し、18〜29歳の若年層は81.4％、50〜60歳は、61.2％がそう思う、どちらかといえばそう思うと答えており、年代別の意識の差が大きいという結果も出ています（図4参照）。

図4　同性カップルの子育てについて（男女別）（年代別）

男どうしや女どうしのカップルが、子どもを育ててもよい

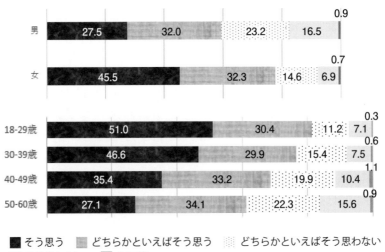

　そして、同性愛者、性別を変えた人たちに対する考え方についても、男性・女性、年齢層で差があり、ほとんどの回答が男性よりも女性が、また高年齢層よりも若年層が、LGBTQの存在や生き方を柔軟に受け止めています（図5、6参照）。

図5　身近な人が同性愛者あるいは性別を変えた人だったらどう思うのかの分布（男女別）

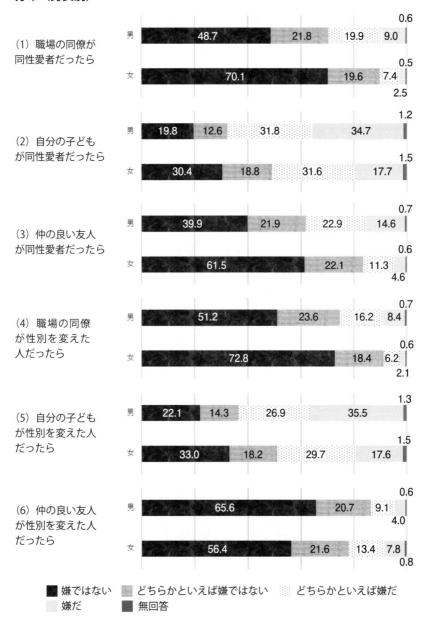

(1) 職場の同僚が同性愛者だったら

男　48.7　21.8　19.9　9.0　0.6
女　70.1　19.6　7.4　0.5　2.5

(2) 自分の子どもが同性愛者だったら

男　19.8　12.6　31.8　34.7　1.2
女　30.4　18.8　31.6　17.7　1.5

(3) 仲の良い友人が同性愛者だったら

男　39.9　21.9　22.9　14.6　0.7
女　61.5　22.1　11.3　0.6　4.6

(4) 職場の同僚が性別を変えた人だったら

男　51.2　23.6　16.2　8.4　0.7
女　72.8　18.4　6.2　0.6　2.1

(5) 自分の子どもが性別を変えた人だったら

男　22.1　14.3　26.9　35.5　1.3
女　33.0　18.2　29.7　17.6　1.5

(6) 仲の良い友人が性別を変えた人だったら

男　65.6　20.7　9.1　0.6　4.0
女　56.4　21.6　13.4　7.8　0.8

凡例：　■ 嫌ではない　　どちらかといえば嫌ではない　　どちらかといえば嫌だ　嫌だ　■ 無回答

図6　身近な人が同性愛者だったらどう思うのかの分布（年代別）

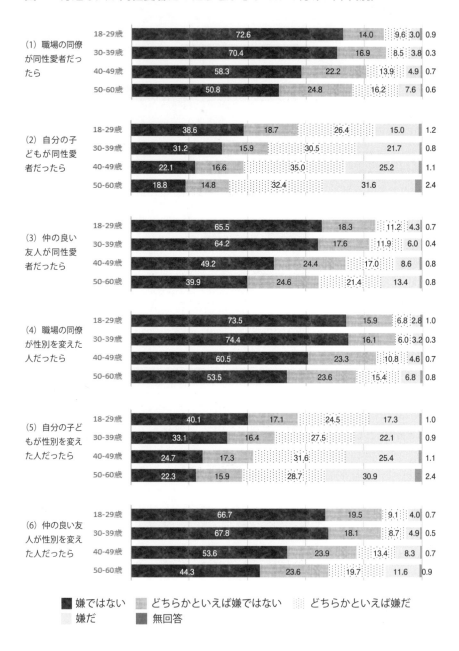

(1) 職場の同僚が同性愛者だったら
- 18-29歳: 72.6 / 14.0 / 9.6 / 3.0 / 0.9
- 30-39歳: 70.4 / 16.9 / 8.5 / 3.8 / 0.3
- 40-49歳: 58.3 / 22.2 / 13.9 / 4.9 / 0.7
- 50-60歳: 50.8 / 24.8 / 16.2 / 7.6 / 0.6

(2) 自分の子どもが同性愛者だったら
- 18-29歳: 38.6 / 18.7 / 26.4 / 15.0 / 1.2
- 30-39歳: 31.2 / 15.9 / 30.5 / 21.7 / 0.8
- 40-49歳: 22.1 / 16.6 / 35.0 / 25.2 / 1.1
- 50-60歳: 18.8 / 14.8 / 32.4 / 31.6 / 2.4

(3) 仲の良い友人が同性愛者だったら
- 18-29歳: 65.5 / 18.3 / 11.2 / 4.3 / 0.7
- 30-39歳: 64.2 / 17.6 / 11.9 / 6.0 / 0.4
- 40-49歳: 49.2 / 24.4 / 17.0 / 8.6 / 0.8
- 50-60歳: 39.9 / 24.6 / 21.4 / 13.4 / 0.8

(4) 職場の同僚が性別を変えた人だったら
- 18-29歳: 73.5 / 15.9 / 6.8 / 2.8 / 1.0
- 30-39歳: 74.4 / 16.1 / 6.0 / 3.2 / 0.3
- 40-49歳: 60.5 / 23.3 / 10.8 / 4.6 / 0.7
- 50-60歳: 53.5 / 23.6 / 15.4 / 6.8 / 0.8

(5) 自分の子どもが性別を変えた人だったら
- 18-29歳: 40.1 / 17.1 / 24.5 / 17.3 / 1.0
- 30-39歳: 33.1 / 16.4 / 27.5 / 22.1 / 0.9
- 40-49歳: 24.7 / 17.3 / 31.6 / 25.4 / 1.1
- 50-60歳: 22.3 / 15.9 / 28.7 / 30.9 / 2.4

(6) 仲の良い友人が性別を変えた人だったら
- 18-29歳: 66.7 / 19.5 / 9.1 / 4.0 / 0.7
- 30-39歳: 67.8 / 18.1 / 8.7 / 4.9 / 0.5
- 40-49歳: 53.6 / 23.9 / 13.4 / 8.3 / 0.7
- 50-60歳: 44.3 / 23.6 / 19.7 / 11.6 / 0.9

凡例:
- ■ 嫌ではない
- どちらかといえば嫌ではない
- どちらかといえば嫌だ
- 嫌だ
- 無回答

　女性や若年層ほど多様性（ダイバーシティ）をポジティブに受け入れている傾向があり、男性や高年齢層ほど多様性をネガティブに受け止めていることがわかる結果となりました。ここで気になるのが、この統計で、61歳以上のデータがないことです。国会議員の多くは61歳を超えています。令和4年のデータによると、国会議員男性の平均年齢は57歳、女性の平均年齢は54.5歳です。また、女性議員の割合は14.3％ですから、多様性をポジティブに受け入れている層が少ない中で、国政は進められているのです。

　企業においても、管理職層に中高年の男性が多い日本において、やはり意識改革が必要だなと感じます。

　ただし、中高年の男性の中にも、多様性をポジティブに受け入れ、積極的に改善に取り組んでいる中高年の男性も少なくありません。大事なのは、統計データはあくまで一つの指標であり、適任の人物が管理職に選ばれることが最も重要です。

　では、この意識改革はどう進めたら良いのか？教育研修、メディアでの啓発活動、公的支援、コミュニティによる協力などが考えられます。しかし、最終的には個々の人が自ら学び、意識を変えていくことが何よりも重要です。

　「アンコンシャス・バイアス」＝「無意識の偏見」が、私たちの考えや行動に影響を与えることがあります。

　たとえば、「女性はキャリアよりも家庭を優先する」といった先入観や、「男性は若い女性が好きだ」といった固定観念があるかもしれません。しかし、これらは一概には言えない事柄であり、自分自身で「本当にそうなのか？」と疑問を持つことが大切です。

　常に、自分が何に対して偏見を持っているのかを問いかけ、事実と比較し、自分の考えをニュートラルにすることで、より開かれた社会を形成する手助けができるでしょう。

　このような自問自答を通じて、無意識の偏見を認識し、意識を高めることができれば、より理解し合える、波動の高い社会が手の届くところにくるかもしれません。

性別役割意識の思い込みについて、内閣府より統計が発表されました。図7は質問に対して「そう思う＋どちらかといえばそう思う」と回答した人の割合を示しています。

　「男性は仕事をして家計を支えるべきだ」という質問に対し、半数以上が「どちらかといえばそう思わない」「そう思わない」と答えています。アンケートの回答者が、20代〜60代であり、人口が多い70代や80代が含まれないため、日本の平均的な価値観とは言いきれません。しかし、このデータから少なくとも若い世代の価値観が変わりつつあることは確認できます。

図7　性別役割意識

（「そう思う」＋「どちらかといえばそう思う」の合計）
■ 男女両方で上位10位に入っている項目

男性　上位10項目	回答者数：5452	(%)
1	男性は仕事をして家計を支えるべきだ	48.7
2	女性には女性らしい感性があるものだ	45.7
3	女性は感情的になりやすい	35.3
4	デートや食事のお金は男性が負担すべきだ	34.0
5	育児期間中の女性は重要な仕事を担当すべきでない	33.8
6	女性はか弱い存在なので、守られなければならない	33.1
7	男性は結婚して家庭をもって一人前だ	30.4
8	男性は人前で泣くべきではない	28.9
9	女性は結婚によって、経済的に安定を得る方が良い	28.6
10	共働きでも男性は家庭よりも仕事を優先するべきだ	28.4

女性　上位10項目	回答者数：5384	(%)
1	男性は仕事をして家計を支えるべきだ	44.9
2	女性には女性らしい感性があるものだ	43.1
3	女性は感情的になりやすい	37.0
4	育児期間中の女性は重要な仕事を担当すべきでない	33.2
5	女性は結婚によって、経済的に安定を得る方が良い	27.2
6	女性はか弱い存在なので、守られなければならない	23.4
7	共働きでも男性は家庭よりも仕事を優先するべきだ	21.6
8	デートや食事のお金は男性が負担すべきだ	21.5
9	組織のリーダーは男性の方が向いている	20.9
9	大きな商談や大事な交渉事は男性がやる方がいい	20.9

（出所：内閣府男女共同参画局「令和4年度性別による無意識の思い込み
（アンコンシャス・バイアス）に関する調査結果」）

　また、ダイバーシティ経営に関するデータもご覧いただきたいと思います。

図8　マイノリティの採用が企業を活性化する

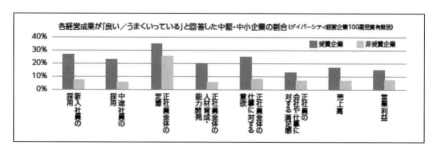

　「ダイバーシティ経営」を行う中堅・中小企業は、そうでない企業と比べて経営成果が良いというデータが出ています。

　ダイバーシティ経営とは、「多様な人材を活かし、その能力が最大限発揮できる機会を提供することで、イノベーションを生み出し、価値創造につなげている経営」のことを言います。

　図8によると、採用・定着・人材育成・意欲・満足感・売上高・営業利益すべての項目において、「ダイバーシティ経営」を行う企業は、成果があがっています。

　「ダイバーシティ経営」は、企業が市場環境の中で競争優位を築くために必要な人材活用戦略といえるでしょう。福利厚生や CSR（企業の社会的責任）としてだけではなく、経営戦略の一環として、自社の競争力強化という目的も達成できることが重要なポイントです。

　多様な背景を持つ人々（性別、年齢、国籍、障害、LGBTQ など）が個性や能力を発揮し、また、企業はその多様な視点を生かし、経営成果を出す未来を共に創っていきたいですね。

THEME
03

人口減少時代の採用とジェンダー

深刻な人口減少時代

少子高齢化が進む日本の人口ピラミッドを確認しておきましょう。

図9　2020年の人口ピラミッド

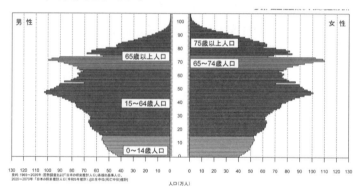

（出所：国立社会保障・人口問題研究所ホームページ）

　総務省統計局のデータより、10歳刻みで人口をまとめると以下のようにな
ります。

図10　10歳刻みの人口（2021年）

0歳	812	50歳	1,899
10歳	1,041	60歳	1,465
20歳	1,169	70歳	1,773
30歳	1,182	80歳	1,341
40歳	1,477	90歳	531
		100歳以上	85

（単位：千人）

日本は、

0 歳の人口よりも 80 歳が多く

10 歳の人口よりも 80 歳が多く

20 歳の人口よりも 80 歳が多く

30 歳の人口よりも 80 歳が多い国なのです。

　少子高齢化という現実を前に、あらためて数値を見つめると、「この少子化の流れを食い止めなければ」と感じます。経済の持続性や社会保障制度の維持、そして若い世代の生活の質の問題を考えると、日本に生まれた子どもたちに申し訳なく感じます。

　次世代の子どもたちのために、何とか手を打たなければなりません。

　出生数は 7 年連続で減少を続け、2022 年は、2021 年を下回り 0 歳人口が 77 万人となり、80 万人台も割り込んでしまったのです。

　採用にフォーカスしてみると、仮に 20 歳で就職するとして、20 年前は 20 歳が 147 万人いたのに、今は 116 万 9000 人しかおらず、そして、20 年後は、20 歳が 81 万 2000 人しかいないわけで、新卒採用をしたくても、母数が減っており、採用が年々難しくなることは間違いありません。

　私たちは、短期的にも中長期的にも、採用難が改善することのない未来を見すえ、採用・定着に取り組まなければなりません。

　少子化対策として、「ワークライフバランスの改善／子育て世代への経済的支援／働き方改革／教育改革／女性が働きやすい制度づくり／AI の活用／不妊治療の医療費補助」などの対策を進めてはいるのでしょうが、何十年も少子化を改善できなかった日本では、もう常識的な制度では、ここまで悪化した少子化が食い止められるとは思えません。

　しかしながら、少子化対策に成功している海外の事例もあるのです。

ガラガラガッシャンと根本的に価値観と仕組みを変えられたなら 〜不真面目が日本を救う〜

　先進国であっても、北欧諸国やフランス、アメリカなどでは、少子化を克服し、2.0 に近い出生率となっている国もあります。

　日本はというと、2022 年の合計特殊出生率は、1.26 と絶望的に、引き離されています。

図 11　合計特殊出生率が回復した先進諸国における合計特殊出生率の推移（1990 〜 2010 年）

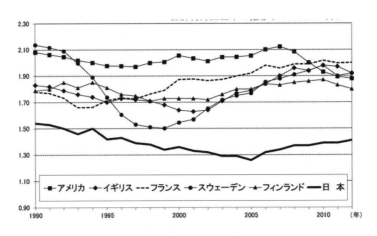

（出所：内閣府経済財政諮問会議「「選択する未来」委員会」資料）

　制度の改革だけでは不十分で、日本人が抱く「こうあるべき」という固定観念が変化しない限り、少子化の進行は避けられないでしょう。

　たとえば、日本とヨーロッパ諸国では、生まれてくる子どものうち婚外子が占める割合が大きく異なります。フランスでの婚外子の割合は 50% 以上であり、婚外子が常識なのです。

　一方、日本では婚外子の割合はわずか 2% 程度に留まります。大半の日本人は「結婚してからでないと子どもを持つべきではない」という考えに囚われているのです。

　また、諸事情があるのでしょうが、人工妊娠中絶が年間 145,340 件（2020

年）も発生しており、これは、出生数（2020年）840,832人の約17%となります。もし婚外子を温かく受け入れ、子どもを育てやすい社会だったら、生まれてこられた命もあったでしょう。なお、これでも中絶は減少しており、1990年代には45万件を超えていた年もありました（国立社会保障・人口問題研究所「人口統計資料集」より）。

　恋愛、性、結婚制度、家族制度に対する多様な価値観が一般的になると、日本の少子化問題が緩和されるだけでなく、人々が未来に対する安心感を得られる可能性が高まります。そしてもっと心地よく、質の高い生活が送れるでしょう。

　たとえば、以下のような多様な家族の形が考えられます：
・同性カップルによる養子縁組を通じた家庭の形成
・体外受精や代理出産を利用した同性カップルによる子育て
・結婚せずに家族同然での共生
・複数のパートナーとの合意に基づいた恋愛関係「ポリアモリー」
・集団での共同生活と子育て
・家事や育児の専門家への依頼と共同生活
・独身であっても、親友や親戚との共同子育て

　地球上に80億人以上もの人がいるのだから、"家族の形"や"愛の形"が一つだけとは限りません、その多様性がむしろ自然なことであると考えられるでしょう。
　公然と「一夫多妻制」を推奨すると、特に男性は社会的に大きな批判を受ける可能性が高いです。しかし、日本の少子化問題が深刻化する中で、何か変えるタイミングなのではないかという思いが湧いてきます。
　過去には、日本では一夫多妻制に近い形が存在していました。たとえば、江戸時代の大奥では、正室（本妻）と複数の側室がいたのはよく知られています。その時代には、世継ぎを作ることが一つの大きな価値観とされていたわけです。

また、古代社会においては母系社会が世界中で存在していたとされています。この制度では、男性が女性の家に行き来し、子どもの父親が誰であるかよりも、誰がその子どもを産んだかが重要視されていました。日本も、源氏物語を参考にすると、一時期は母系社会であった可能性が高いです。

　これらの歴史的背景から分かるように、家族や恋愛に一つの「正解」はなく、文化や時代によって多様な形があります。この多様性を認め、受け入れることで、少子化問題に対する新しい視点や解決策が見つかるかもしれません。
　また、ひと昔前は経済力のある男性が妻以外の女性を愛人とし、自分の子どもを産ませることも決して珍しいことではなく、むしろ男の甲斐性であるとみる人も多かったようです。たとえば、戦争で夫を失った未亡人を養い、2つ3つの家庭を支えた男性って、敗戦国という特殊な社会状況下で、一定の魅力があると私は感じます。
　正妻・愛人がどんな気持ちであったかは人それぞれでしょうが、中には、嫉妬や独占欲から解放され、日々感謝をし、幸せに生きた女性もいたのではないかと思います。
　たとえば、モテるであろう代表的な男性・女性を例にあげますが、プロ野球選手である大谷翔平さんの子どもが産めるのだったら、「妻的存在100人のうちの1人でもいい」と思う女性は世界中に多くいるでしょう。逆に女優である石原さとみさんの配偶者になることができるのであれば、同様の考えを抱く人々がいることは確かです。ですが生理学的に、大谷翔平さんは、理論上、子ども（未来の納税者）を数百人、数千人でも残せる可能性がありますが、石原さとみさんは、自分の子宮で子を育て、出産するという条件下においては10人が限界となるでしょう。
　出生率1.26の日本は、もう「ゲームオーバー」なのかもしれませんが、「ゲームオーバー」だとあきらめるのはしのびないので、私は一夫一妻制に固執するよりも、新たな家庭形態を真剣に検討するタイミングが来たのではと考えています。

　今の日本で、有名人が不倫をしたならば、社会的なバッシングは時として

集団リンチにも似た状態になり得ます。仕事を失い、公開の場で謝罪を強いられ、違約金を支払わされることも珍しくありません。さらに、このような報道によって、当事者だけでなく配偶者や家族までもが心の傷を深めてしまうのです。

このような波動の低い不倫報道を見たら、子どもたちに「結婚なんてしない方がマシ」という価値観が根付いてしまうかもしれませんね。

不倫は、パートナーシップの問題であって、他人が干渉することではないはずです。

同じ日本でも、時代が変われば、価値観がガラッと変わります。未来永劫、今の価値観が続くことはないのです。

さらに、結婚を望む独身男性とのご縁が結べず、子どもを持つことを断念しなければならない女性が多いという現実も存在します。また、長い不妊治療の末にも関わらず、年齢やその他の事情により子どもを授かることができない女性も少なくありません。

未来の納税者を産む母は、少子化問題を抱える日本にとって最も価値ある存在です。彼女たちをもっと大切に扱わなければ、少子化の改善は難しいでしょう。

また、「母親（父親も含む）が子育てをする」という価値観が一般的ですが、この視点は働く女性や男性を苦しめることがあります。仕事でキャリアアップしたい女性は、仕事が大好きなのに妊娠・出産で一定期間休まざるを得ず、その上子育てもがんばってしまうので、睡眠時間を削って何とか仕事も育児も両立しています。

優秀な方にとって、「不真面目になる」ことは難しいのかもしれません。

特に母親が専業主婦だった方は、「手抜き子育て」に抵抗感を感じることが多いようです。

私の母は、完璧な専業主婦で、私が小学校から帰ると、焼き立てのメロンパンやシュークリームのいい香りがただよってくるといった愛情たっぷりの子育てをしてくれました。それは本当においしくて、私はとても幸せな幼少期を過ごしました。ですから、私もかつて「手抜き子育て」には、かなり抵

抗感を感じていました。

　第三者に子どもを育ててもらう＝子どもがかわいそうと感じる方も多いようですが、私はそうは思いません。

　子どもは、「さみしい・孤独」と感じるかもしれませんが、その感情が「悪い」わけではありません。むしろ、「さみしい・孤独」という感情が、創造性や優しさ、自立を促す良い側面もあるのではないでしょうか。

　子育てしながら働く人たちは、もっと楽になっていい。もっと不真面目になっていい。そして、それを支える公的な仕組みの構築が必要です。

　ちなみに、台湾では外食文化が定着しており、基本的に1日3食外食が当たり前だといわれています。

　次に、一夫一妻制について触れたいと思います。一夫一妻制型の哺乳類は、わずか3～5％しか存在しないとされています。一夫一妻制を選ぶ人間は、哺乳類としては少数派です。もちろん、一夫一妻制を望む人がそれを選ぶのは自由であり、多くの幸せな夫婦が存在します。しかし、この制度が本当に日本人の幸福をもたらしているのか、私は時々疑問を感じます。

　一夫一妻制で、凝り固まった常識を盾にパートナーに執着・期待し、相手を自分の思い通りに動かそうとすることは、波動の高い愛ではなく自己愛だと私は思っています。

「嫉妬」より「共感」「優しさ」
「独占」より「シェア」「自由」
「執着」より「手放し」「慈愛」
「期待」より「尊重」「感謝」
「愛されたい」より「無償の愛」

　このような世界が広がれば、私たちはもっと軽やかに、もっと幸せに生きられる。

　●自分を守るために、他人を傷つけるルールを作っていないでしょうか？

●自分を守るために、他人を変えようとしていないでしょうか？
●自分を守るために、他人を攻撃していないでしょうか？

　自分の言動がどのような目的で発信されているのかを理解し、より高い次元の愛へと移行できるといい。

　無償の愛とは、相手の喜びや幸福を最優先に考え、自分の言動の「結果」に対して、期待や執着を持たない、究極の愛の世界です。難易度は高いかもしれませんが、私はこのような世界を目指し、ニヤニヤ・ニコニコして生きたいと思っています。

　少子化の加速は、子孫を繁栄させる本能を持つ生き物として異常事態です。少子化がここまで悪化しているのですから、凝り固まった常識を疑わなければなりません。

　パラダイムシフト、つまり、根本的な価値観や世界観の大転換のときが来ています。

　（パラダイムシフトとは、科学的な発見や社会的な変動などにより、従来の考え方や世界観が根本から変わることを指します。たとえば、地球が太陽の周りを回るというコペルニクスの理論は、地球が宇宙の中心であるという当時のパラダイムを変えました。）

　新時代のジェンダーフリーな恋愛・性・パートナーシップを支える新しい価値観・制度の世界へシフトしたくないですか？

　時は刻々と過ぎています。

　日本の年金制度は世代間扶養に基づいており、その持続性が危ぶまれています。現役世代が納める保険料を基に年金が支給されるこの仕組み、今後どう継続していくのでしょうか？　従来の改革手法ではもはや解決は難しいと言わざるを得ません。

　2060年には「肩車型」、つまり高齢者一人を支える現役世代が約一人になると予測されています。

　常識の枠から外れたところにも答えを探しに行き、私たちの常識を常に外

から疑ってかかる。そうすることで、もっと生きやすい新しい時代を創ることができるはず。

　多数決では、新しい時代なんて創れない。多数決では少数意見がなかったものにされてしまうから。そのためには、政治における男女のギャップが146か国中138位となっている日本は、政治家のダイバーシティも加速させなければならないのでしょう。

　ここでは、極端な考え方や一般的な常識からはみ出るような話も取り上げました。

　ブレインストーミングのように多角的なアイデアを出して、最終的にはちょうどいいバランスを見つけたいと考えています。

　Z世代の半数近くが「将来、子どもが欲しくない」と回答したという統計も目にしました。大学生の5割以上が奨学金を受給しており、返済金を抱えたZ世代にとって「子どものいる家庭」に明るい未来が見えないことも理由のひとつでしょう。未来の世代に、より明るい社会を残すためにも、今こそパラダイムシフトが求められています。

未来予測

　現状の経済や人口動態を考慮すると、日本が大量の移民を受け入れざるを得ない状況になる可能性が高いと私は予測しています。

　私はアメリカのロサンゼルス（人種のサラダボウル）に2年間住んだ経験があり、その経験を通して思うに、多文化共生もそれはそれで魅力的な未来であると楽観的に考えています。むしろ強固に「移民受け入れ反対」の姿勢をつらぬき、人手不足倒産、社会保障制度崩壊をまねくよりは、幸せな未来が拓けるのではないかと感じています。

　もちろん、日本固有の文化と伝統を継承することは重要で、私自身も趣味の範疇ですが、日本の神道における神々への奉納舞踊である神楽舞（かぐらまい）のお稽古に通っています。着物の着付けや和室での礼儀作法など、日

本文化の繊細さと美しさを未来へと引き継ぐことは、私の大切な願いの一つです。

　とはいえここから先は、「移民だらけの日本」にならないという考え方をベースに、採用市況をみていきます。

採用市況の過去・現在・未来

図 12　採用市況の過去・現在・未来（求人、求職及び求人倍率の推移）

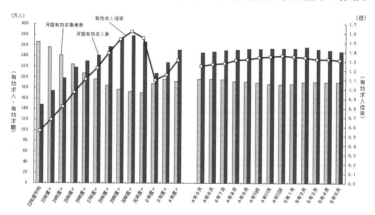

（出所：厚労省 Web、一般職業紹介状況についての資料）

　採用市況についても確認しておきましょう。

　図 12 の左半分は 1 年ごとの求人、求職および有効求人倍率の推移をあらわしたもので、右半分は 1 か月ごとのデータとなっています。

　有効求人倍率は、リーマンショック後の 2009 年（平成 21 年）8 月に 0.42 倍まで悪化した後、回復に転じ、2013 年（平成 25 年）11 月に 1 倍を超え、2017 年（平成 29 年）4 月の有効求人倍率は 1.48 倍となり、これまで最高だった 1990 年のバブル期での 1.46 倍を超えました。

　そして、新型コロナウイルスのパンデミックが全世界に広がり、リーマンショック時に匹敵する厳しい採用環境になるのではという専門家の予測も飛び交いました。しかし、実際は 1.0 倍を下回ることなく、コロナ禍において

ここ1年、求職者有利の状況が続いています。AIの進化にも影響されますが、日本は少子化により、中長期でも採用難が続くと予想されます。次に、短期的に採用難が続く理由を記載します。

円安が採用市況に与える影響と採用戦略

図13　10年間（2014～2023年）の米ドル円相場の推移

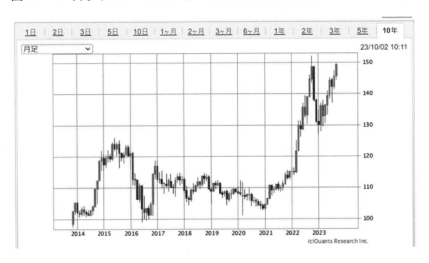

（出所：SBI証券Web）

図13を見てのとおり、2022年より、急激に円安の流れが加速しました。このまま円安傾向が続くのかは不明ですが、円安傾向が続いた場合、採用難はますます悪化するでしょう。以下に4つの理由を挙げます。

①観光産業の拡大

品質のよい商品や美味しい料理が安く手に入るため、日本への観光客が増加するでしょう。これによって運輸業、観光業、サービス業での採用ニーズが高まります。

②外国人労働者の流出

「もっと高収入の国で働きたい」という動機で、日本を離れる外国人労働者が増える可能性があります。これが労働力人口の減少につながり、結果として採用難が進行するでしょう。

③若年層の海外流出

オーストラリアでは最低賃金が約21ドル（約2,020円）であり、たとえばカフェで働けば時給が25ドル（約2,405円）が当たり前（2023年10月2日現在の為替レートによる）。国内よりもはるかに高収入が望める海外へ若年層が流出する可能性が高くなります。

④製造業の国内回帰

人件費の増加や情報漏洩リスクを考慮すると、海外での生産よりも国内生産が望まれるようになるというシナリオも考えられ、これが製造業での採用ニーズを高める要因となり得ます。

以上のような要素が重なることで、日本の採用市況はさらに厳しくなると予測されます。

私は20代の半分（5年間）を、海外（アメリカ・アイルランド）で暮らしたので、日本の長所と短所を国外から見る経験をしています。そしてもし今の日本の状況で、私が20代だとしたら、日本を離れ、海外永住する選択をしたと思います。

実際、外務省のデータ図14によると、海外に永住する日本人が増加しており、平成元年に246,043人であった海外在留邦人（永住者）が、令和4年に557,034人と、2倍以上になっています。

図 14　海外在留邦人人数推計推移

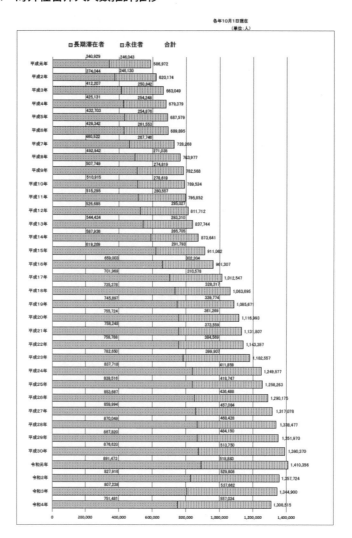

このように、短期的にも中長期的にも採用が絶望的に難しい時代に、マッチする人材を採用したい企業は、未来を見越し**採用戦略**にかけるコストと時間の優先順位を上げ、固定観念やいらない枠をとりはらい、トライ&エラー

を繰り返すことが必要です。

　たとえば、
- ●内定を辞退した方に定期的に情報発信をしたり、食事に誘うなどして関係を継続する。
- ●求職者をあつめて、日本一ワクワクする会社説明会＋有名パティシエのケーキを仕入れてお茶会をする。
- ●従業員の家族や友人を集め、楽しいイベントを主催することで、企業文化を外部にも広める。
- ●社長自ら、エネルギッシュに企業ビジョンなどを YouTube で発信する。
- ●若手の新入社員を TikTok 担当とし、会社のファンづくりをする。
- ● LGBTQ 限定の求職者イベントを開催することで、ダイバーシティを重視する企業文化を強調する。
- ● AI を用いたマッチングシステムで、求職者と企業の適性をより精緻に分析する。

　楽しいところに人は集まるもの。失敗を恐れず、常識の範囲外のエリアでもチャレンジを重ねる企業は、採用強者になれるかもしれません。

採用難時代の採用成功法則

　お仕事で採用サポートを行っている中で、「即戦力がほしい！」という希望はとても多いです。
　時々、即戦力採用が成功することやスーパーマンレベルの人材を採用できることもありますが、需給バランスと、運に左右されやすい人材層でもあり、短期的には結果を出せないこともあります。採用難時代の採用で大切なことは、先天的な資質と後天的な資質を明確に分けて、先天的な資質で合格ラインの人材を採用することです。

【先天的な資質】

　先天的資質とは、その人が生まれつき持ち合わせている資質を指します。

　外見・体格・運動能力・知能・才能などの「遺伝的要因」に近い、生まれながらの適性であり、この先天的な資質そのものを後天的な学習・努力によって変えることは難しいとされています。

　職種や業種、会社の人事ポリシーなどにより、重要な資質は異なります。同じ会社であっても、営業と事務スタッフに求める資質は、当然、異なります。

　たとえば、小規模な社労士事務所の職員に必要な「基本処理能力」「性格」の2つの先天的資質についてみていきましょう。「性格」に関しては、先天的と言い切れない部分もありますが、成人した個人の性格は、会社としては、変えにくい資質であるため、ここでは先天的としておきます。

●基本処理能力

　基本処理能力が高い人は、与えられた仕事をミスなく、テキパキとこなすことができます。はじめて利用するシステム、わからないことなどを冷静に判断し、自分で調べたり聞いたりと、スピーディーに対応してくれます。地頭の良い方が多いです。

●性格の適性

　労務相談の業務では、クライアントの気持ちをくみ取り、法律、理想、現実のギャップをうまく調整し、お客様に必要な情報を伝える能力が必要です。

　ポジティブで気配り上手な性格の方は、成長が早いです。また、伝えにくいことも上手に伝えなければならないため、あまり気が弱いと、労務相談には向かないように思います。

【後天的な資質】

　先天的資質が生まれ持ったものなのに対し、後天的資質は環境や努力次第で得られる資質を指します。小規模の社労士事務所の職員にとって特に重要

なものとして、「知識」「動機、意欲」の２つがあげられます。

●知識

　社労士の合格率は一桁台なので、社労士事務所の職員としての知識は一朝一夕で身に付くものではありませんが、本人の努力次第で伸ばすことができます。知識が増えると、任せられる仕事もどんどん増え、それが経験や自信となり、お客様より信頼される職員となります。

●動機、意欲

　社労士業務は幅広いので、難易度の高い仕事や新たな仕事にもチャレンジしようという意欲がある人は、成長が早いです。

　あまりモチベーションが高くなかった人が、何かをきっかけにやる気を出すことは珍しくありません。公平な評価制度の導入や面談の機会を設け、肯定的なフィードバックの文化を築くことで、社員の意欲を高めることができます。実際、部署異動や、上司が変わったとたん、モチベーションがあがる社員は多いといわれています。

　先天的な資質である基本処理能力や性格は、企業が教育をしてもなかなか変えることはできません。しかし、後天的な資質である知識や動機、意欲などは、変えることができます。

　人手不足で、「即戦力が欲しい」ので知識・経験のある方をという希望はよくわかりますが、長い目で見ると、先天的な資質の重要性が際立ちます。ここを妥協した採用は、結局、早期退社や、社風の悪化など、良い結果につながらないケースをたくさん見てきました。「即戦力」採用をする場合も、先天的な資質には妥協せず、重視することをおすすめします。

最後の切り札「本気の教育」

　あなたは「教育で性格を変えられる」と思いますか？

　先に、先天的な資質の重要性を記載しましたが、「いくら求人を出しても応

募がなく、応募があったら即採用しなければならない状況」という叫び声が聞こえてくる業種・職種もあります。有効求人倍率が 10 倍以上という職種もありますし、人手不足で営業日でありながら営業できない飲食店を見かけることも珍しくない昨今、人を選べない会社も存在するのが現実です。

　採用がうまくいかない企業や離職の多い企業の採用定着支援に携わる中で、解決策を探しに「耕せにっぽん」へ取材に行って参りました。
　「耕せにっぽん」は、研修施設であり、ひきこもり・不登校・暴言・暴力・自殺未遂をしたような研修生が共同生活をしています。これまで 800 人以上を自立させ、または復学させた実績があります。
　10 年以上もの間、社会から隔絶して生活していた研修生や、いじめによって心に深い傷を負った研修生もこの施設で新たな人生を歩み始めています。施設での彼らの日常生活を観察させていただくとともに、代表の東野昭彦さんから彼らのサポートについて貴重な見識を学びました。さらに、研修生自身からもその思いを直接伺うことができ、貴重な 3 日間となりました。
　ひきこもりの方の性格的な特徴は、「異常思考」や「不真面目」ではなく、その逆で「常識的」かつ「真面目」であるということ。そして、支配しているのは「怖い」という感情だそうです。
　失敗するのが怖い、恥をかくのが怖い、非難されるのが怖い、人に嫌われるのが怖い、未来・将来が怖い。「常識的」で「真面目」だからこそ、「怖い」と感じてしまうその性格が彼らを引きこもらせてしまうのです。
　自立させるには、ひきこもりの原因となる「常識的」で「真面目」過ぎる性格を変えなければならないのです。
　性格を変えるといっても、「常識的」で「真面目」な性格がダメだというわけではありません。それゆえ、長所伸展型や視点を変える教育が必要となります。
　ただ褒めるというあまっちょろいものではなく、痛みも感じさせながら、気づきをあたえ、指導者のサポートの元、自ら望んで性格を変えていく、自然と変わっていくという印象を受けました。

　毎日の研修メニューは、月曜日―土曜日、朝礼・就労（労働）・夕礼という一連の流れとなっています。

　朝礼では、ラジオ体操をした後、オリジナルの教科書で理念や行動指針を唱和し、"考え方"について学び、それぞれが自分の意見も発表します。

　高校生以上の研修生は、スーパーやガソリンスタンド等で就労をし、また農業をします。石垣島校では、南の島ならではの作業、さとうきびを絞る活動もありました。

　夕礼で、1日にあった出来事や「他者の良いところ」「ありがとう」「ごめんなさい」「挑戦したこと」をみんなで振り返り、1人ずつ発表します。

　また、日直が当番制になっていて、共同生活をする仲間のために、朝食づくり・お弁当づくり・掃除や買い出し・夕食づくり・朝礼／夕礼の司会もします。朝から仲間の分までお弁当を作る彼らは、「すごい！」と素直に尊敬しました。

　ひきこもって、親に暴力を振るったり、暴言を吐いたりしていた研修生が、ここでは、自分のことを自分でし、仲間の世話をし、親に感謝ができるようになるのです。

　まだ苦しそうな表情の研修生も中にはいましたが、大半はひきこもっていたとは思えないくらい明るい表情で、冗談など言い合いながら暮らしていました。

　私も彼らがつくった夕食を一緒にいただきました。その日、日直だった14歳の研修生が、石垣島で有名なオニササの食べ方をニコニコし、レクチャーしてくれたとき「14歳はここまでできるんだなぁ」とその引きこもりからの彼の成長に感動しました。

　中学生～およそ40代までの共同生活なので、笑ったり、泣いたり、けんかをしたり、毎日のように問題も起こるようですが、愛をベースに接する指導者や仲間と共に、問題の乗り越え方を学び、コミュニケーション能力が自然と上がるようなのです。

　ここでは、農業ができるようになり、食事・掃除・洗濯もできるように

なり、やりたい事や仕事を見つけ、たいていの研修生は、４か月〜１年ほど
かけて卒業し、自立していくそうです。

　「耕せにっぽん」で、さまざまな愛を見てきました。優しい愛、厳しい愛、
深い愛、尊い愛。愛だらけでした。これら全ての愛が共通していたのは、そ
れが「自立」を促す目的で伴走しているという点です。

　また、たった３日間の取材期間でも、先生方や研修生との交流を通じて気
づいたことがあります。それは、質の高い教育には、人間の根底を揺るがす
ような変容をもたらす力があるという真実です。

　ハラスメント防止のために講ずべき措置なども定められている昨今、職場
の仲間や部下の問題に、どこまで踏み込んで良いのか判断が難しい**グレー
ゾーン**に迷う経営者・人事部・管理職の方も多いと思いますが、遠慮して踏
み込まないことで、関係性が希薄になり、早期離職やモチベーションダウン
をまねいている可能性も否めません。

　「耕せにっぽん」オリジナルテキストの１ページ目にはこう書かれていま
す。
　いいこと考えれば　いい言葉になる
　いい言葉になれば　いい行動になる
　いい行動になれば　いい習慣になる
　いい習慣になれば　いい**性格**になる
　いい**性格**になれば　いい人生になる

　大人になればなるほど、**性格**を変えることは、難しいことだと思います。
　それでも、本気で質の高い教育や関わりを積み重ねれば、いい考え方が浸
透し**性格**が変わります。
　企業が、定着・活躍する人材を育成できるヒントが、「耕せにっぽん」にあ
りました。

　「耕せにっぽん」の教育には、コツコツ繰り返し、いい考え方をインプット

していくことがベースにあります。

　そこで私はこの名言を思い出しました。

　インベスターＺ（著：三田紀房）という漫画に出てくる名言です。

　100人の人が思いついたとしても行動するのはそのうちのたった1人

　そして100人の人が行動したとしても行動し続けられるのはそのうちの
たった1人

　つまり1万人のうち1人しか「やり続ける」人間はいない

　天才とはじつはそういうカラクリなのだそうです

　「耕せにっぽん」は、1万人のうち1人の「やり続ける」天才だから、結果
をだせるのでしょう。「やり続ける」ことは、難しいことだから、1人では途
中放棄してしまって当たり前で、家庭や小さな組織でそれを続けることは難
しく、だからこそ、仕組み化して仲間と一緒に「やり続ける」ことが必要な
のだと思います。

　「耕せにっぽん」には、人手不足に悩む企業にも、社風（モチベーション・
ハラスメント・考え方など）を改善したい企業にも、教育の仕組みとして、
真似できるポイントがたくさんありますね。

採用定着にうまくいく会社・いかない会社

「男女間賃金格差に係る情報開示の義務付け」が採用定着に与えるインパクト

2022年7月に改正された女性活躍推進法の厚生労働省令により、労働者301人以上の企業は、男女間の賃金差異の公表が新たに義務づけられました。読者のみなさんの会社は、男女間の賃金差異を堂々と公表できますか？

図15 女性活躍推進法に関する制度改正のお知らせ（一部抜粋）

2022（令和4）年7月8日施行

女性活躍推進法に関する制度改正のお知らせ
女性の活躍に関する「情報公表」が変わります

厚生労働省令を改正し、女性の活躍に関する情報公表項目を追加します。事業主の皆さまは、下記の改正内容をご覧の上、ご準備をお願いいたします。

今年7月8日の施行に伴い、初回「男女賃金の差異」の情報公表は、施行後に最初に終了する事業年度の実績を、その次の事業年度の開始後おおむね3か月以内に公表していただきます。

労働者が301人以上の事業主の皆さま

以下の**A〜Cの3項目の情報を公表**する必要があります。

●女性労働者に対する職業生活に関する機会の提供に関する実績
　A：以下の8項目から1項目選択 ＋ B：⑨男女の賃金の差異（必須）＊新設

●職業生活と家庭生活との両立に資する雇用環境の整備に関する実績
　C：以下の7項目から1項目選択

常時雇用する労働者が101人以上300人以下の事業主は、下記16項目から任意の1項目以上の情報公表が必要です。

男女間の賃金格差が、採用、特に新卒採用に影響することは間違いありません。

もし、目に見えて平均給与に男女差があるならば、「**わが社は、古い体質が蔓延る社風です**」と宣言しているようなもので、魅力的な学生の人気が集まるはずがないからです。

※参考）令和3年平均給与：男性545万円／年、女性302万円／年

　1985 年男女雇用機会均等法が制定されて、38 年。諸外国にくらべ、女性活躍があまりに出遅れている日本は、令和の時代になっても、以下の制度の影響で、扶養の範囲内で働く女性が多いのは否めません。

●税制上優遇される配偶者控除
●企業の配偶者手当
●社会保険の扶養制度、第 3 号被保険者

　これらの制度は、不本意にも女性の給与を抑える要因として作用してしまっています。

　改革しなければならないことに気づいている人はたくさんいたはずなのに、少子高齢化社会での選挙制度、民主主義下での改革スピードの遅さが「失われた 30 年」を生んでしまったことが悔やまれます。

　今、仕事が大好きな私も、結婚と同時に仕事をやめ、海外（ヨーロッパ）で専業主婦をしていました。この選択は、当時の一般的な価値観に影響されたもので、当時、男性に扶養されるという価値観が一般的でなければ、私も仕事をやめるという選択をしていなかったかもしれません。

　扶養の制度が女性活躍を邪魔しています。私の寿退社は、20 年も前の話しです。それなのに、今も扶養の制度は多少の改正はあったものの、基本的には維持されています。改革のスピードがあまりに遅いです。

　もうこのシステムを、次世代に引き継いではならないと痛感しています。痛みを伴おうと、根本的に仕組みを変えなければ、微調整を繰り返すだけでは、失われた 30 年が失われた 40 年になってしまいます。

　仕組みと価値観のリセットが必要です。

LGBTQ もその他も求人は、「キーワード」で勝負！

　スマホ時代の採用を成功させるには、「キーワード」が重要です。
　スマホを手放せない現代人。「何かを購入しよう」とか「何か行動しよう」

と思ったら、まず、大半の人は、スマホで検索します。仕事を探すときも同じです。

　たとえば、２：６：２の法則で、「PC の入力スピードが速い」「法律の知識がある」「０→１のクリエイティブな仕事が得意」など、特定のスキルや能力に対し、優秀な人：普通の人：できない人といるとしたら、LGBTQ の中にも２：６：２の割合で、それに対し優秀な人がいます。

　企業にとって、できない人材を採用するのと、優秀な人材を採用するのは、どちらがメリットがあるでしょうか？

　特に、優秀な性的マイノリティの人材を採用するメリットについて考えることが重要です。性的マイノリティの人々の中には、偏見や就職差別で傷つき、チャレンジする勇気が出せない方もいらっしゃるようです。

　一般的に私たちには、**現状維持バイアス**がかかっています。つまり、変化や未知のものを避けて現状維持を望む傾向があるのですが、たとえ、現状の仕事や職場に不満があっても、転職をすると、安定した状態を損失するリスクがあるため、人生を大きく変える行動をとることを避けるのです。

　現状維持バイアスがかかった方に対し、求人原稿の中で性的マイノリティの人々にとって「安心・安全な職場」であることをメッセージすると、彼らが勇気を出して応募してみようかという気持ちになる可能性が高いです。なぜなら、そのようなことを求人原稿に記載している中小企業はほとんどないからです。

　たとえば、こんな風に記載するのはどうでしょう？
　●当たり前のことですが、男性も女性も LGBTQ の方もジェンダーに関係なく評価される制度、仕組みづくりを心掛けています。
　●性的指向や性自認に対応できる相談窓口：アライ（Ally）があります。
　●男性らしい、女性らしい服装ではなく、自分らしい服装 OK！
　● LGBTQ 等の方で、トイレや更衣室、健康診断など、気になることがある際は、相談窓口に相談できたりと、誰もが働きやすい仕組みを整えています。

　同じような労働条件ならば、当然、上記のようなメッセージが発信されている企業を選ぶことでしょう。

　ここで、スマホ時代に重要な「キーワード」が大きく影響するのですが、LGBTQ 当事者が仕事を探すとき、「地名＋求人＋職種」などのキーワードで仕事を探すほか、「LGBT」や「アライ（Ally)」などのキーワードで仕事を探すそうなのです。

　特に、Ｔ（トランスジェンダー）の方は、戸籍を変更した方以外は、履歴書に記載する性別と写真の性別が異なるため、就職・転職に壁を感じることが多く、求人原稿に**検索されやすいキーワード**を入れることで、LGBTQ の人々に求人原稿を見つけてもらいやすくなります。

　大企業では、LGBTQ フレンドリーな企業が増えているものの、中小企業では、まだまだ対応している企業が少ないです。いち早く対応することで、採用力を強化することができますね。実際に LGBTQ の人々を求人・面接・採用するのであれば、彼らの心理や困りごとを理解するための準備が欠かせません。

　たとえば、こんなエピソードがあります。

　人事の方は、良かれと思って発言しているのですが、トランスジェンダーの方を不安な気持ちにさせてしまった例を紹介しておきます。

　トランスジェンダーであることを人事の方にカミングアウトしたところ、別のトランスジェンダーの社員について「○○さんもトランスジェンダーなんですよ」と言われた。自分のセクシュアリティもこうやってアウティング（※）されるのではないかと不安になった。
　※アウティング＝本人の了解を得ずに他の人に公にしていない性的指向や性自認等の秘密を暴露する行動のこと

　スマホ時代の採用では、「キーワード」の影響力は計り知れません。既に求人を出している場合、その求人原稿を効果的なキーワードで最適化することを強くお勧めします。

採用難時代に誰もが働きやすい会社をつくるには

　私の住む奈良市が作成したリーフレット「ありのままに、自分らしく」より、性的マイノリティの声（不安や困りごと）を紹介します。
　私たちの社会は、性別が「女性」か「男性」だけで、異性を好きになることを「当たり前」として、制度や仕組みがつくられてきたため、性的マイノリティの人たちの存在を想定していません。そのため、性的マイノリティの人たちは、さまざまな場面で不便や生きづらさを感じながら暮らしている状況があります。

身体と自分が認識する性別が違う人は……
・「トイレが困る。男性用、女性用にも入りにくい」
・「水着や着替えがつらい」
・「自分らしい性別の服が着られない」
・「男女別の制服が苦痛で不登校になった」
・「身分証などの名前や性別と、見た目の性別が一致せず、本人かどうか疑われてしまう」
・「身体の性別であつかわれる。医療機関や介護、学校の修学旅行の風呂や

部屋割りなど」

同性が好きな人は……
・同性同士は結婚することができない。
・同性パートナーが家族としてあつかわれない。
・福利厚生や家族としての保障や制度を受けられない。
・いつも、「異性愛者」としてあつかわれる。
・結婚は？彼女は？彼氏は？と聞かれる。
・ママ（パパ）と子ども、子どもがいない家族など、多様な家族やライフ
　スタイルへの理解が不足している。

悩みやつらかったこと、嫌だったことは……
・おかま、ホモ、レズ、気持ち悪いなどと言われた。
・いじめられた。からかわれたり、笑いの対象にされた。
・男（女）らしくしろと、言われてしまう。
・すてきな異性に出会ったら変わるよ、そのうちに治るよ、と言われる。
・ずっと自分が変だと思っていた。
・誰にも相談できない。
・人と深く付き合わず、距離をおいてしまう。
・社会の中で、存在しないことになっている。
・情報や、ロールモデルがない。

　近年、学校教育においても性的マイノリティに関する学習が行われており、若い世代はその存在に対し、よりオープンな姿勢を持っています。
　経営者や管理職、人事担当者はもとより、私たち一人一人が、自分の考え方に固定観念や差別意識、偏見がないか、振り返ることが今以上に重要となっています。

図16　当事者の困りごと

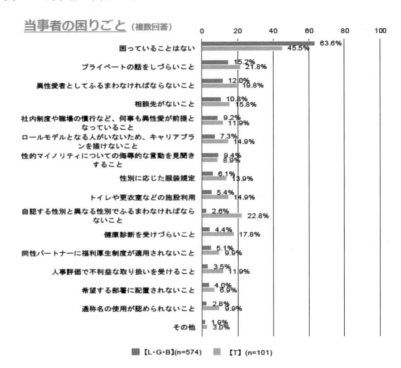

当事者の困りごと (複数回答)

項目	【L・G・B】	【T】
困っていることはない	63.6%	45.5%
プライベートの話をしづらいこと	15.2%	21.8%
異性愛者としてふるまわなければならないこと	12.0%	19.8%
相談先がないこと	10.8%	15.8%
社内制度や職場の慣行など、何事も異性愛が前提となっていること	9.2%	11.9%
ロールモデルとなる人がいないため、キャリアプランを描けないこと	7.3%	14.9%
性的マイノリティについての侮辱的な言動を見聞きすること	9.4%	8.9%
性別に応じた服装規定	6.1%	13.9%
トイレや更衣室などの施設利用	5.4%	14.9%
自認する性別と異なる性別でふるまわなければならないこと	2.6%	22.8%
健康診断を受けづらいこと	4.4%	17.8%
同性パートナーに福利厚生制度が適用されないこと	5.1%	8.9%
人事評価で不利益な取り扱いを受けること	3.5%	11.9%
希望する部署に配置されないこと	4.0%	8.9%
通称名の使用が認められないこと	2.8%	8.9%
その他	1.9%	3.0%

■【L・G・B】(n=574)　　【T】(n=101)

(出所：三菱UFJリサーチ＆コンサルティング「令和元年度職場におけるダイバーシティ推進事業（労働者アンケート調査）」（厚生労働省委託事業令和2年3月））

注：凡例の【L・G・B】はレズビアン、ゲイ、バイセクシャルの回答者を合わせた回答内容であること、【T】はトランスジェンダーの回答者の回答内容であることを示す。

　当事者の困りごとがわかっているのなら、困りごとをひとつひとつ解決し、安心・安全な職場をつくればよいわけです。ぜひ、データをチェックしてみてください。

　この困りごとの中に、「異性愛者としてふるまわなければならないこと」とありますが、これに関するエピソードを、紹介しておきます。

【事例】

　仕事ができる男性、Aさんがいました。

　上司の方は、よかれと思って、Aさんをことあるごとにキャバクラに連れて行きました。あるとき、Aさんは、ゲイであることをカミングアウトし、転職されたそうなのです。何度もキャバクラに連れていかれ、さぞかし迷惑だったことでしょう。

　「この上司、馬鹿だなぁ」と思われる方もいらっしゃるかもしれませんが、これに近いことって、誰でもやってしまう可能性があるような気がするのです。この上司に、悪意はないのです。「男性は、若くてきれいな女性が好き」という固定観念・思い込みにより、お金もたくさんつかったあげく、Aさんに「異性愛者としてふるまわなければならないストレス」を感じさせ、退社されてしまったのです。

　このような失敗をしないよう、「当事者の困りごと」をご確認の上、安心・安全な職場づくりをしていただければ幸いです。

採用定着がうまくいく会社　〜100年企業の目指す世界〜

採用定着がうまくいく会社は、以下のことができています。

・定着する人材を採用する

・定着の仕組みづくり

図 17　人的資源の最適化マップ

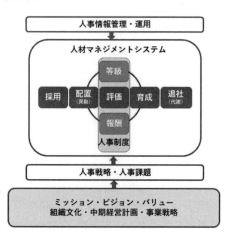

図 17 は、人的資源を最適化する仕組みを簡単にまとめたものです。

採用定着がうまくいかないときは、どこに問題があるのかを見つけ、1つ
ずつ問題解決に取り組むことが必要です。

しかし土台がグラグラだと、評価制度を構築しても、管理職研修を実施し
ても、採用定着はうまくいきません。

土台である会社のミッション・ビジョン・バリューは見える化できていま
すか？そして、それが社員に伝わっていますか？

経営理念等の唱和をしているけれど、社員はしらけている、興味を持って
いないという会社も見てきました。

これまで中小企業の採用定着支援をしてきましたが、採用定着にうまくい
く会社の特徴として、「経営者や経営幹部のエネルギーが高く、目指すゴール
が明確で、それが社員に伝わっている。」という点があげられます。

うまくいく会社は、経営者（会社）が経営理念・ミッション・ビジョン・
バリュー・パーパス・経営目標等の【目的／目標／価値観】を明確にしてい
ます。

そして、それを社員に伝える場、たとえば経営方針発表会や教育研修制度、

面談制度等が年間スケジュールに組み込まれ、仕組み化されています。

　言い換えると、目的地や経由地、一緒に目的を達成したい人が明確になっているということです。

■ミッション（超長期・普遍的な目的／会社の存在理由）

　会社の目的地・何を目指しているのか？

■ビジョン（中期目標）

　会社の目的地にたどりつくために、期間を区切った目標

■バリュー（価値観／大切にしたいこと）

　どんな社員と一緒に会社の目的地を目指したいのか？

　中小企業は、これらを後回しにしていることが多く、経営者の頭の中にある思いやエネルギーを**見える化・言語化**することが大切です。

　そして、「うちはこんな人と一緒にこの目的を達成したい！」と、ワクワク波動で、発信したらよいのです。

　採用でも同じことが言えます。

　「急募」「○○ができる人」「○○の経験がある人」などのような、会社都合のメッセージでは、求職者の心はちっともトキメキません。だから、欲しい人材が応募してくれないのです。

　求職者が、求人原稿を見る前・見た後で、たとえばこんな感情の「変化」を生み出せないと、求人には応募してもらえないのです。

　「あっ、この会社に転職したら、絶対に私の人生がよくなる！」

　「あっ、この会社に転職したら、絶対に私は私の能力をもっと発揮できる！」

　「あっ、この会社に転職したら、絶対に今よりもっと楽しい人たちと職業人生をおくれる！」

　求人原稿が発するワクワクに応募が集まります。

　ミッション・ビジョン・バリューに共鳴した求職者は、ワクワクし、「この会社の一員になって、こんな社会を一緒につくりたい！」と熱い思いで応募する。結果、価値観の合う人が集まる強靭な組織ができ、定着もします。ゴール・価値観が合う人を採用しているので、彼らは、自律的に仕事をしますし、ゴールに向け、自発的に勉強をします。

エネルギーの高いところに人は集まります。

たとえば、突然、弱小野球部で「甲子園で優勝するぞ!」と言っても、優勝は難しいでしょう。「甲子園で優勝したい」と思っている野球少年は、「甲子園優勝」を目指している高校へ入学します。目指すゴールをエネルギッシュに発信しなければ、一緒にゴールを目指してくれる人は集まりません。

土台である「ミッション・ビジョン・バリュー」が、採用定着のキーです。

私が、ミッション・ビジョン・バリューの作成をご支援させていただいた事例をご紹介します。

大正 12 年創業、100 年企業である村島硝子商事株式会社(奈良県橿原市)、村島靖基社長は、100 周年記念イベントを前に先代がつくられた指針などを一新され、社長の目指す世界や大切にする価値観を見える化・言語化されました。

社長が自分の思いを話されたとき、私は Zoom(オンライン)越しでしたが、胸がジーンとし、**利他の愛**が伝わってきたのを今でも覚えています。

そして、村島社長は、会社の 100 周年記念式典や研修など、社員に対して自らの想いを伝える機会を積極的に創出されています。私もその研修の一部を担当させていただきました。村島社長が目指す世界の尊さに、研修を進行する中で私自身が講師でありながら涙が止まらない瞬間がありました。この感動は、今も私の心に深く刻まれています。

図18　村島硝子商事株式会社のパーパス・バリュー

このように、社長の思いを発信することには3つの効果があります。

1　社員のベクトルを合わせる（採用定着力UP）

2　地域や社外の関係者が応援してくれる（宣伝力UP）

3　顧客からも応援される（イメージUP・売上UP）

村島硝子商事さんの目指す世界は「笑顔あふれる世界」です。

村島社長は、こんな風にもおっしゃいます。

「社員が笑顔でいられないなら、社長をやる意味なんてない。」

　100年も続く企業を応援できることが私もとてもうれしく、誇らしく、いつまでも存続してほしいと願っています。

　なお、ここで村島硝子商事さんの事例を紹介いたしましたが、ミッション・ビジョン・バリューに関しても、求人原稿づくりに関しても、社長の個性や企業文化、企業規模によって、「採用ペルソナ設定」と、成果の出る「採用ブランディング」のつくり方はそれぞれまるで異なります。

　ただ真似をするだけでは、採用自体は可能でも、定着は難しいでしょう。

　定着せず、早期退社をまねく採用は、時間とお金、そして先輩社員のモチベーションを消耗するばかり。

　やはり経営者の「内なる声」を聞くことが重要です。

　小規模企業が採用定着を成功させるには、「らしさ」「独特の突き抜けた魅力」が必要です。

　「成功者の真似をする＝TTP（徹底的にパクる）」ことは、成功する上で「鉄板の法則」ではありますが、採用においては、大企業の真似をしても、人は集まりません。

　経営者の「内なる声」を言語化・見える化できたときに、「らしさ」「独特の突き抜けた魅力」が「採用ブランディング」となり、人を集めるのです。

　また、誰かの真似ではなく、自身の「内なる声」に従うと、その先にハッピーが待っています。

　社長がハッピー

　社員もハッピー

　私もハッピー

　社会もハッピー

　宇宙もハッピー

　私は、残りの命、共鳴共感できる方と共に、5方ハッピーを追求する仕事を続けていきたい。

最後に

　1章をお読みいただき、ありがとうございます。ジェンダーの課題を通し、私の魂は、次世代へより波動の高い社会を引き継ぎたいのだなと改めて感じました。

　性別（ジェンダー）・国籍・年齢・宗教・外見・学歴・価値観・国境など、見える・見えない違いがあったとて、一人一人が、とらわれから脱却し、この美しい地球が「波動の高い天国みたいな世界」に1ミリでも近づくことを祈っています。

第2章

「男らしさ」「女らしさ」を超えた人事戦略

執筆：小岩広宣

いま中小企業の労務管理の現場で
起こっていること

採用難と権利意識の高まりが労使関係を変えた

　20代で社労士になって中小企業の労務管理に関わって20年を過ぎましたが、平成から令和にかけて労使関係はめまぐるしく変化していると感じます。20年前にもまったく周りの意見を寄せつけない"ワンマン社長"はいましたし、職場の雰囲気を乱す"問題社員"もいましたが、あくまで経営者が自他ともに認める会社のリーダーであって、従業員はあくまで会社のルールを守らなければならない一員だという共通認識は強かったと思います。今でも労使関係のタテマエは変わりませんが、経営者と従業員の力関係や働き手のマインドは相当に変化し、「**労使対等**」どころか「**従業員＞会社**」の構図に近づいている感すらあります。

　このような変化が起こった背景には、年々深刻化する採用難と働き手の権利意識の高まりがあります。日本では少子高齢化の中で1995年の8,726万人をピークに**生産年齢人口**（15歳から64歳まで）が減少し続け、2022年には7,496万人にまで落ち込んでいます。従業員の高齢化も採用難に拍車をかけており、新しい人材の確保のための競争が激化するとともに、若年層の離職率の高さが採用戦略にも大きな影響を与えています。長引くコロナ禍により経営環境が厳しくなり即戦力を求める企業が増えましたが、企業側が求める人材と求職者のスキルの乖離が広がり、ミスマッチによる人材不足が加速しているのが現実です。**有効求人倍率**は2009年のリーマンショック後の下落から立ち直って2018年の平均値はバブル期のピークを上回る1.62となりましたが、その後は景況の不透明感やコロナ禍の影響などで横ばい傾向が続いています。かつての採用担当者があれこれ意地悪な質問を交えて応募者の反応を試しながら"選りすぐり"した時代から、YouTubeなどで自社の

ポリシーを訴えて必死に熱弁を振るう経営者を求職者が"品定め"するかのような時代に確実に変わったといえるでしょう。

図 19　有効求人倍率（季節調整値、2017 〜 22 年）

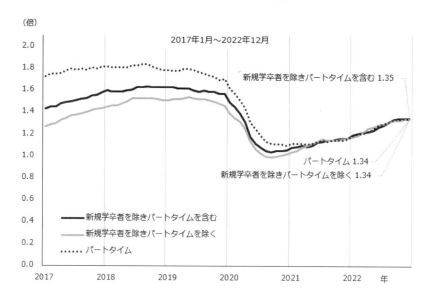

（出所：厚生労働省「一般職業紹介状況」）

（注：2020 年 1 月から求人票の記載項目が拡充され、一部に求人の提出を見送る動きがあったことから、求人数の減少を通じて有効求人倍率・新規求人倍率の低下に影響していることに留意が必要。）

　働き手の権利意識の高まりも同じです。バブル崩壊後の雇用情勢の悪化や人事管理の個別化、非正規雇用の増加などを背景として、労働者個人と企業との間の労働関係において生じる個別労使紛争の増加が顕著であり、とりわけリーマンショック以降は高水準に推移しています。2019 年から順次施行された**働き方改革関連法**によって実施されてきた、過重労働の撲滅、有給休暇の取得促進、同一労働同一賃金の推進によって、このような傾向にさらに拍車がかかりました。2020 年から段階的に施行された**パワハラ防止法**（労働施策総合推進法）でも、職場におけるパワハラ防止のために雇用管理上、必要な措置を講じることが企業に義務づけられたことで、労働者の職場にお

ける権利意識もますます高まりつつあります。従来のように会社や上司が行き過ぎたノルマや長時間労働を課したり、人権を無視した叱咤激励をすることで労働者の権利が奪われるのは論外ですが、適切な業務指示の範囲にあるものについても労働者の主観的な判断によって「**パワハラ**」だという主張をされかねない雰囲気も垣間見る時代になりました。実際に、部下や新人と向き合うのが怖いと語るベテラン社員も少なくなく、今はかつてのように"部下が上司の顔色をうかがう時代"から"上司が部下の顔色をうかがう時代"へと変貌したといえるのかもしれません。

図 20　民事上の個別労働紛争　相談件数、助言・指導申出件数、あっせん申請件数（2002 ～ 19 年度）

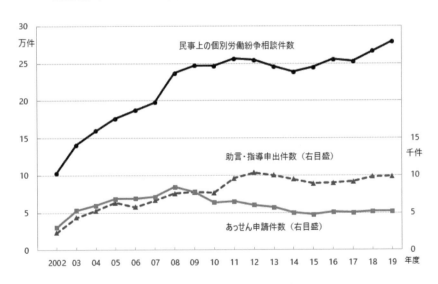

　このような時代になってくると、職場における男性と女性の関係性も変わってきます。従来はマジョリティである男性社員が、マイノリティである職場の女性に圧倒的に優位なポジションで向き合うという構図が一般的でしたが、若年層を中心に勤労をめぐるスタイルが"組織中心"から"個人"へとシフトする中で、働き手の意識における男女の"壁"が低くなりフラットに近づきつつあるといえます。かつてなかったほど労働者の権利意識が高まる

と、職場における摩擦もジェンダーギャップというよりはジェネレーションギャップの方が大きいという様相を呈することになり、2022年に話題になった谷口真由美氏『おっさんの掟』（小学館新書）で問題提起されたような日本の"おっさん"たちを取り巻く謎のルールの多くは、男女を問わず多くの若者たちから愛想をつかされて徐々に淘汰されていく方向に向かうのかもしれません。

「Ｚ世代は理解できない」では済まされない

最近、「今どきの若者はよく分からない」「Ｚ世代の部下と関わるのが苦手」。このように話す経営者や管理職を多く目にします。「Ｚ世代」とは、1990年半ばから2010年代生まれの世代を指すことが一般的であり、アメリカで1960年から70年に生まれた人を「ジェネレーションＸ」と呼んでいたことが由来といわれます。生まれながらにしてデジタルネイティブであり、物心ついた頃にはすでに先端的なテクノロジーやデジタル技術に触れていた世代になります。

「人生において優先度の高いもの」を質問したアンケート調査では、2017年度卒では「家族＞仕事＞趣味＞自分＞友情」であった優先順位が、Ｚ世代の2023年度卒では「家族＞自分＞趣味＞友情＞お金＞仕事」となっており、「仕事」は第2位（31.8％）から第6位（17.0％）へと優先度が下がっています。ワークライフバランスのうち、「ライフ」を大切にするという価値観への変化を顕著に読み取ることができます。

全体として「家族」が優先される傾向は変わりませんが、「仕事」は減少し続けており、その分、「自分」「趣味」が増加していることが分かります。男女別の結果を見てみると、特に男性の「仕事」の減少幅が大きく、短期的・個別的な事情による勤労意欲の変化というよりは、職業観や人生観、家族観をめぐる構造的な変化が進んでいると考えることができるでしょう。

図21　人生において優先度の高いもの（上位2つ）

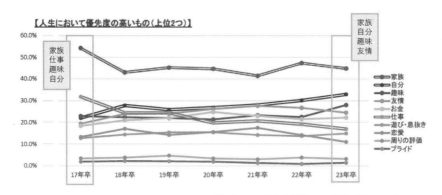

	17年卒	18年卒	19年卒	20年卒	21年卒	22年卒	23年卒
回答数	3,350	3,924	4,640	4,656	4,849	3,938	3,756
仕事	31.8%	24.4%	24.4%	19.8%	20.7%	19.2%	17.0%
家族	54.2%	43.0%	45.2%	44.6%	41.4%	47.3%	44.8%
友情	19.4%	23.9%	24.1%	26.2%	27.6%	26.7%	24.5%
恋愛	13.3%	17.1%	14.2%	15.6%	17.5%	14.2%	11.0%
自分	22.0%	27.8%	25.9%	26.8%	28.0%	30.1%	32.9%
プライド	1.9%	2.2%	2.1%	1.9%	1.3%	0.9%	1.4%
周りの評価	3.4%	3.8%	4.7%	3.4%	3.0%	3.8%	3.2%
お金	18.4%	21.0%	22.0%	24.8%	23.0%	21.5%	22.2%
趣味	22.9%	22.4%	22.0%	21.4%	23.3%	22.5%	28.0%
遊び・息抜き	12.7%	14.4%	15.4%	15.5%	14.2%	13.7%	14.9%

（出所：マイナビ「2023年卒大学生のライフスタイル調査」）

　法令や社内規則を遵守し、福利厚生が整っていることで離職率が低く、ワーク・ライフ・バランスやダイバーシティ推進などの観点からも優れた企業のことを「**ホワイト企業**」といいますが、昨今はそうした働きやすいはずのホワイト企業から離職する若者世代が増えているといいます。このようなパラドックスについては、リクルートワークス研究所主任研究員の古屋星斗氏が『ゆるい職場　若者の不安の知られざる理由』（中公新書ラクレ）で取り上げており、さまざまな事例やデータを用いて、日本社会や企業が抱える課題の実態や解決に向けた方策が述べられています。企業の人事労務戦略として、ホワイト企業に近づく努力をしていくことで優秀な人材が獲得でき、雇用定着を促すことで長期的な人材育成ができるとする従来の発想とは真っ向から反する見立てには、戸惑いを感じる人も少なくないでしょう。

　いわゆる働き方改革の推進やハラスメント対策などの一環した政策は、働き手の権利意識を高め、従来の「企業の論理」にあまり縛られることなく「自

分本位」のスタンスで職務に従事できる環境を後押ししてきたといえますが、その道筋は必ずしもすべての人に揺るぎのない光明をもたらすものとは限らず、あたかも教育の分野において「ゆとり教育」の弊害が顕在化したような副作用もはらんでいるのかもしれません。

　企業にコンプライアンス遵守が強く求められ、ハラスメント防止についての意識や認知が高まる中で、逆に本来は被害者かどうかが怪しい人がいたずらに声を上げて権利を主張する「ハラスメント・ハラスメント（ハラハラ）」といった状況も起こりつつあるご時世です。もはや「弱者」である労働者の権利保護をはかることのみが至上命題であり、ホワイト企業を目指しさえすれば採用や人材育成に成功するという見取り図のみが妥当ともいえない世の中になりつつあるのかもしれません。

コロナ禍が場所、時間、ジェンダーのあり方を変えた

　数年に渡るコロナ禍が、私たちの働き方やライフスタイルを変えました。今までは、毎日同じ事業所に出勤して、始業から終業まで勤務するのが当たり前で、場所や時間にとらわれない働き方をする人はあくまで「例外」でしたが、わずか数年でそうした常識がかなり塗り替えられたような感があります。

　テレワークの推進はもともと国が将来を見据えて打ち出していた国策であり、長時間労働の是正や有給休暇の取得などの「働き方改革」の中に、テレワーク推進のテーマも含まれています。そのような流れの中にあって、コロナ禍で物理的にオフィスに出社して仕事をするのが困難となったことで、テレワークの推進が加速され補強されていったという側面があるといえるでしょう。もちろん在宅勤務やテレワークには物理的な限界がありますし、容易には代替不可能な業種や業務も少なくありませんが、私たちの仕事のあり方やビジネス上の習慣、それらを取り巻くマインドに大きな変化をもたらしたことは事実です。就活はもちろん飲み会すらも Zoom を使って対応できる"新たな常識"は、働き方だけでなく私たちの生活様式や文化を確実に変えていったといえるでしょう。

ひるがえって、日本はまだまだ男女平等においては後進国であり、国際的にもジェンダーギャップが色濃く残る国であることが知られています。年収の格差や政治参加の点がしばしば指摘されますが、行動や言論といった意識面でも保守的な傾向が強いといえます。そのような現状の背景には、明治・大正から戦後にいたるまでの政策誘導に基づく男女の社会的な"役割分担"や"役割意識"が相当強固に機能しており、平成をはさんで令和になっても、容易にはフラットな社会が実現しているとはいえない現状に結びついています。

　子どもは母親が育てるべきという**「母性神話」**は令和の時代になっても半ば"常識"として人々の意識の奥底を支配しており、さまざまな視点から科学的な反証が寄せられても、いまだ社会的に固定概念を脱却するにはいたりません。女性は、男性と同じように将来を期待されて育てられ、同じように勉学に勤しみ、社会人として活躍するようになっても、結婚して出産を迎えいざ子育てを一手に引き受ける立場になると、自宅を中心に育児と家事の生活を送ることを期待されるカルチャーがいまだ色濃いといえます。いかにビジネスウーマンとして、あるいは専門職として優秀であったとしても、「自宅にいなければならない」という物理的な制約によって対外的な活動を続けていくことが困難となるケースもまだまだ少なくないといえるでしょう。

　コロナ禍の到来によって、奇しくも在宅勤務が飛躍的に普及し、テレワークの機能性が向上したことで、女性の「働き方」にも結果的にプラスの選択肢と可能性が広がったといわれます。在宅でも正社員として仕事ができるという選択肢が具体化していくと、基本は自宅で過ごすという主婦のスタイルと、物理的に場所を選ばず専門的・裁量的な仕事を受け持つ働き方がマッチすることになります。立派な業績や成果を持ちながら、毎日フルタイムで出社できないという理由でパートや派遣といった働き方をせざるを得なかった人が、自然に正社員として引き続き勤務できるようになると、会社や取引先における実績が従来以上に蓄積していくことで、今までにはなかったキャリアアップの未来が実現することでしょう。

　テレワークや在宅勤務は、主としてすでに正社員として仕事をしている人の業務効率を上げたり、移動などの場所的制約を克服することを中心に議論

されることが多かったのですが、同時に女性の「働き方」をめぐるイノベーションの部分への影響は想像以上に大きいのではないかと思います。在宅勤務やテレワークといった「働き方」の変化のスピードが加速し、それが技術面だけでなく意識面をも後押しすることで、働く場における男女平等、女性活躍の推進、女性の「働き方」の変革が加速していく方向性に期待が寄せられます。

　このような流れは、今まで意外なほどにあまり報道されたりスポットを浴びていない気がしますが、私たちがコロナ禍という苦しい時代を乗り越える中で、女性の「働き方」、仕事における男女平等に結びつくとしたら、間違いなく苦難を通じて歴史が一歩前進するのだと思います。明るい未来への方向性を信じて、確かな努力を重ねていきたいものです。

ハラスメント対策が重要な経営テーマになる

　パワハラ防止法（労働施策総合推進法）では、「職場において行われる優越的な関係を背景とした言動であって、業務上必要かつ相当な範囲を超えたものによりその雇用する労働者の就業環境が害されること」（30条の2）というパワハラの定義が置かれ、パワハラ防止についての周知・啓蒙や労働者からの相談窓口の設置、パワハラ発生時の適切な対応と再発防止などが事業主に義務づけられました。法律の施行に前後して、パワハラ防止についての研修や説明会などを実施した事業所も少なくないと思います。

　パワハラは、同じ職場の上司や先輩などが仕事の範囲を超えて、部下や後輩に度が過ぎた嫌がらせをしたり、権限を悪用して働きづらくさせたりする例が典型的ですが、**SOGI** ハラも含まれるとされています。SOGI ハラとは、性的指向や性自認に関連した、差別的な言動や嘲笑、いじめや暴力などの精神的・肉体的な嫌がらせを行うことや、望まない性別での生活の強要、不当な異動や解雇をすることをいいます。SO とはセクシュアルオリエンテーション（性的指向）のことで、恋愛対象となる性を指し、GI とはジェンダーアイデンティティで、自分自身をどの性別に認識するのか（心の性）ということを指します。

パワハラ防止法の具体的な取り組み内容については、「事業主が職場における優越的な関係を背景とした言動に起因する問題に関して雇用管理上講ずべき措置等についての指針」(令和２年厚生労働省告示第５号)で定められています。この中では、**パワハラの６類型**(①身体的な攻撃、②精神的な攻撃、③人間関係からの切り離し、④過小な要求、⑤過大な要求、⑥個の侵害)が紹介されていますが、②精神的な攻撃の該当例として「性的指向・性自認に関する侮辱的な言動を行うこと」が挙げられ、⑥個の侵害の該当例として「労働者の性的指向・性自認や病歴、不妊治療等の機微な個人情報について、当該労働者の了解を得ずに他の労働者に暴露すること」、該当しない例として「労働者の了解を得て、当該労働者の性的指向・性自認や病歴、不妊治療等の機微な個人情報について、必要な範囲で人事労務部門の担当者に伝達し、配慮を促すこと」が挙げられています。

相談者・行為者などのプライバシーの保護に関しては、「性的指向・性自認や病歴、不妊治療等の機微な個人情報も含まれる」とされ、事業主が労働者からの相談を受けたり再発防止策などを講じる場合に、事業主の責務として個人情報を守りプライバシーを保護するよう注意が喚起されています。相談窓口の担当者として労働者に対応したり、再発防止のための措置を講じる上司などがこうした個人情報に触れる場面では、十分な配慮が求められることになります。

精神的な攻撃(脅迫・名誉棄損・侮辱・ひどい暴言)

・該当すると考えられる例

①人格を否定するような言動を行うこと。相手の性的指向・性自認に関する侮辱的な言動を行うことを含む。

個の侵害(私的なことに過度に立ち入ること)

・該当すると考えられる例

②労働者の性的指向・性自認や病歴、不妊治療等の機微な個人情報について、当該労働者の了解を得ずに他の労働者に暴露すること。

なお、SOGI ハラについてはいわゆる LGBT などのセクシャルマイノリティ

の人がもっぱら対象となるのではと考える向きもありますが、行政通達では「相手の性的指向・性自認の如何は問わないものであること」（令2・2・10雇均発0210第1号）と明記されており、セクシャルマイノリティに限らずマジョリティに対するハラスメントも十分に想定し得ます。たとえば、男性社員に対して「男は一家の稼ぎ頭になって一人前」という価値観のもとに、不用意に多人数の面前で執拗に結婚の意思について尋ねたり、本人の意思を確認することなくいわゆる「出世コース」を前提としたキャリア観を職務上の権限を行使する形で押し付けたりしたような場合は、言動の度合いや周囲の環境、本人の受け止め方によってはハラスメントに該当し得ることがありますので、十分に注意したいものです。

> **労働施策の総合的な推進並びに労働者の雇用の安定及び職業生活の充実等に関する法律第8章の規定等の運用について（令2・2・10雇均発0210第1号）**
>
> 　「相手の性的指向・性自認に関する侮辱的な言動を行うこと」については、相手の性的指向・性自認の如何は問わないものであること。また、一見、特定の相手に対する言動ではないように見えても、実際には特定の相手に対して行われていると客観的に認められる言動については、これに含まれるものであること。なお、性的指向・性自認以外の労働者の属性に関する侮辱的な言動についても、職場におけるパワーハラスメントの3つの要素を全て満たす場合には、これに該当すること。

LGBT理解推進法について

　LGBT理解推進法（性的指向及びジェンダーアイデンティティの多様性に関する国民の理解の増進に関する法律）が、2023年6月23日に施行されました。施行前後にはメディアなどでもかなり注目され、国論を二分するような状況もありましたが、企業の労務管理といった視点からも影響は小さくないでしょう。具体的には今後定められる政省令に依る部分が大きいと考えられますが、現段階で条文から読み取れる部分を少し整理したいと思います。

（目的）

第1条　この法律は、性的指向及びジェンダーアイデンティティの多様性に関する国民の理解が必ずしも十分でない現状に鑑み、性的指向及びジェンダーアイデンティティの多様性に関する国民の理解の増進に関する施策の推進に関し、基本理念を定め、並びに国及び地方公共団体の役割等を明らかにするとともに、基本計画の策定その他の必要な事項を定めることにより、性的指向及びジェンダーアイデンティティの多様性を受け入れる精神を涵養し、もって性的指向及びジェンダーアイデンティティの多様性に寛容な社会の実現に資することを目的とする。

　LGBT法と通称される法律には、理解増進法と差別禁止法があります。今回成立した法律は理解増進法であり、同時に野党が提出していた差別禁止法（案）とは異なります。理解増進法は理念法とも呼ばれ、国が基本理念を掲げて学術研究や学校教育などを啓蒙・推進していくことに主眼が置かれており、国民に対して性的少数者の差別を禁止する強制力をともなうものではありません。

　差別をしたら罰則が適用されるとか、事業主がLGBTQ教育を実施しなくてはならない義務を負うといった法律ではないため、事業所への具体的な影響は限定的だと考えられます。「**ジェンダーアイデンティティ**」は意味としては「**性同一性**」や「**性自認**」と同じとされますが、そもそも「性的指向及びジェンダーアイデンティティの多様性」はLGBTQに限定されたものではなく、広く国民全体の多様性が想定されているため、この点も現場への影響はそれほど大きくはないと考えられます。

> （基本理念）
> 第3条　性的指向及びジェンダーアイデンティティの多様性に関する国
> 　　　民の理解の増進に関する施策は、全ての国民が、その性的指向又はジェ
> 　　　ンダーアイデンティティにかかわらず、等しく基本的人権を享有する
> 　　　かけがえのない個人として尊重されるものであるとの理念にのっとり、
> 　　　性的指向及びジェンダーアイデンティティを理由とする不当な差別は
> 　　　あってはならないものであるとの認識の下に、相互に人格と個性を尊
> 　　　重し合いながら共生する社会の実現に資することを旨として行われな
> 　　　ければならない。

　第3条がこの法律の中心的な条文ですが、野党案にあった「差別は許され
ない」といった表現ではなく、**「不当な差別はあってはならない」**という文言
になっているため、あくまで「等しく基本的人権を享有するかけがえのない
個人として尊重されるものであるとの理念」＝憲法１４条（「すべて国民は、
法の下に平等であつて、人種、信条、性別、社会的身分又は門地により、政
治的、経済的又は社会的関係において、差別されない」）の理念を再確認する
内容となっています。この点は、「全ての国民が」「相互に人格と個性を尊重
し合いながら共生する社会の実現に資する」という表現からも垣間見ること
ができるでしょう。末尾の「〜社会の実現に資することを旨として行われな
ければならない」の主語は「国民の理解の増進に関する施策」（を講じる国や
地方公共団体）であり、性的少数者個人（当事者）ではないことから、しば
しばいわれるようにこの法律を根拠に訴訟を提起するような直接の裁判規範
にはならないことは明確だと考えられます。

（事業主等の努力）

第6条　事業主は、基本理念にのっとり、性的指向及び性同一性の多様性に関するその雇用する労働者の理解の増進に関し、普及啓発、就業環境の整備、相談の機会の確保等を行うことにより性的指向及び性同一性の多様性に関する当該労働者の理解の増進に自ら努めるとともに、国又は地方公共団体が実施する性的指向及び性同一性の多様性に関する国民の理解の増進に関する施策に協力するよう努めるものとする。

　事業主の努力義務として、国が掲げる基本理念にしたがって、普及啓発や就業環境の整備、相談の機会の確保などに努めること、国や地方公共団体が実施する施策に協力するよう努めることが規定されています。「普及啓発、就業環境の整備、相談の機会の確保等」の具体的な内容は今後政省令で明らかにされますが、理念法における努力義務であることからすれば、具体的な条件や程度を示して事業所に課することは考えにくいといえ、事業所に一定の研修を実施することを求めるような規定ではないといえます。性的少数者における議論はしばしば障害者雇用の例と対比されることがありますが、障害者差別解消法において、「事業者は、その事業を行うに当たり、障害を理由として障害者でない者と不当な差別的取扱いをすることにより、障害者の権利利益を侵害してはならない」（8条）とされているような強行規定とはまったく性格を異にするものだといえるでしょう。

（知識の着実な普及等）

第10条　国及び地方公共団体は、前条の研究の進捗状況を踏まえつつ、学校、地域、家庭、職域その他の様々な場を通じて、国民が、性的指向及び性同一性の多様性に関する理解を深めることができるよう、心身の発達に応じた教育及び学習の振興並びに広報活動等を通じた性的指向及び性同一性の多様性に関する知識の着実な普及、各般の問題に対応するための相談体制の整備、民間の団体等の自発的な活動の促進その他の必要な施策を講ずるよう努めるものとする。

2　事業主は、その雇用する労働者に対し、性的指向及び性同一性の多様性に関する理解を深めるための情報の提供、研修の実施、普及啓発、就業環境に関する相談体制の整備その他の必要な措置を講ずるよう努めるものとする。

　6条に続いて、事業所の努力義務をうたった条文です。「情報の提供、研修の実施、普及啓発、就業環境に関する相談体制の整備その他の必要な措置」とあり、普及啓発や相談体制の整備は6条の内容と重複しています。情報の提供や研修の実施についても、事業所に求められる趣旨は同じであり、基本的には自主的な判断と責任における実施が期待されると考えられるでしょう。12条（措置の実施等に当たっての留意）で、「この法律に定める措置の実施等に当たっては、性的指向又はジェンダーアイデンティティにかかわらず、全ての国民が安心して生活することができることとなるよう、留意するものとする」とされていることから、法律全体の趣旨としては、性的少数者だけではなく、すべての国民にとって**「寛容な社会の実現」**を目指した内容だと理解することができます。

　事業所における労務管理という視点から、根本的な対応変更などを迫られるような展開にはならないと考えられますが、ダイバーシティ＆インクルージョン推進が求められる時流の中で、この法律が施行されたことにより権利意識が高まり、時代の機運に影響することも現実だと思われるため、必要な普及啓発や管理者教育などを踏まえて、従来以上に多様な人材活用に目配せしたきめ細かな労務管理に留意していく必要があるといえるでしょう。

トランスジェンダーのトイレ使用をめぐる最高裁判決

　2023 年 7 月 11 日、戸籍上は男性だが性自認は女性の経産省職員が提起していたトイレ使用制限をめぐる訴訟について、最高裁が国の対応は違法だとする判断を示しました。一審の東京地裁で原告職員が勝訴、二審の東京高裁で職員が逆転敗訴し、最高裁の判断が注目されていましたが、「女性トイレを自由に使用することについて、トラブルが生ずることは想定し難く」「不利益を甘受させるだけの具体的な事情は見当たらなかった」として、トイレ使用制限をめぐる国の判断を違法と判示しました。原告の主張が認容された理由としては、原告が職場において女性トイレを使用することへの異議を唱える女性職員はおらず、4 年 10 か月に渡ってトラブルが起こったことがない上に、その間に調査や処遇の見直しが検討された形跡がないことなどが挙げられています。

　あくまで経産省職員をめぐる個別の訴訟であり、不特定多数の人が使用する公共施設の使用について判断しているものではありませんが、最高裁が職場における性的少数者の待遇について踏み込んだ初めての判断であり、多様性が尊重される共生社会に向けた機運がさらに高まることで、企業の現場にもさまざまな間接的な影響がもたらされることが考えられます。判決では、異例ともいえる裁判官全員による「補足意見」が付されましたが、法的な効果はないとはいえ、今後雇用の現場で配慮すべき具体的な対応への示唆を読み取ることができます。以下の今崎幸彦裁判官（裁判長）の補足意見などは、かなり実務目線が含まれたものであり参考にできるでしょう。

　こうした種々の課題について、よるべき指針や基準といったものが求められることになるが、職場の組織、規模、施設の構造その他職場を取りまく環境、職種、関係する職員の人数や人間関係、当該トランスジェンダーの職場での執務状況など事情は様々であり、一律の解決策になじむものではないであろう。

> 　今後この種の事例は社会の様々な場面で生起していくことが予想され、それにつれて頭を悩ませる職場や施設の管理者、人事担当者、経営者も増えていくものと思われる。既に民間企業の一部に事例があるようであるが、今後事案の更なる積み重ねを通じて、標準的な扱いや指針、基準が形作られていくことに期待したい。

　この判決を受けて職場におけるトイレ使用をめぐる取り扱いが変更されるものではありませんが、性的少数者が自らが自認する性別のトイレの使用を希望した場合は一定の配慮が求められるといえます。職場における他の職員に対する調査の実施や処遇の見直しの検討などの不徹底が指摘され、また一部の補足意見において、研修の実施による理解の増進や不安の払拭などの必要性が強調されている点などにも、留意していくことが求められるでしょう。

●「マイクロアグレッション」とは？

　「マイクロアグレッション」（Microaggression）は、「micro」（極めて小さな）と「aggression」（攻撃性）を合わせた造語です。意図的かどうかに関わらず、日常の中で無意識のうちのステレオタイプや偏見に基づいて、マイノリティのことを否定したり侮辱する言動のことをいいます。1970年代に米国の精神医学者チェスター・ピアス氏が主に白人が黒人に対して無自覚に行う差別的な言動を念頭に提唱しましたが、2000年代にデラルド・ウィング・スー氏によって再定義され、本人の意図の有無に関わらず、特定の人や集団を軽視したり、侮辱するような、敵意ある否定的な表現が広範に対象となると理解されています。

　マイクロアグレッションは、発した側にまったく悪意がないにも関わらず、その言動によって受け手の心に深刻なダメージを与えることから、職場における秩序維持やモチベーションアップの妨げになってしまうことがしばしば問題になります。積極的な意図や攻撃性を持たずに無意識のうちに行われてしまうことから、本人に自覚がないことはもとより、むしろ相手を褒めたと認識しているようなケースも存在し、職場における人間関係の中でもほとんど意識されることがないため、気づかないうちに状況が深刻化して企業や管理者の責任が問われかねないような場合も認められます。パワハラ防止法が施行されたことで企業のハラスメントに対する意識は高まりつつありますが、マイクロアグレッションはきわめて問題が顕在化しづらい特徴があることから、具体的に対策を講じている例はまだまだ少ないといえるでしょう。

　マイクロアグレッションの具体的な害悪としては、メンタルヘルスへの影響、身体への影響、職場環境の悪化、生産性・問題解決力の低下などが指摘され、受け手自身の身心への悪影響はもとより、広く職場全体の生産性や風土にも副作用をもたらすことが懸念されます。経営者や管理者は、広い意味でのハラスメント対応の一環として、マイクロアグレッションへの目配せを十分に意識していくことが必要だといえるでしょう。言葉や概念を初めて知ったという人は、まず定義を社内で共有することから始めていきたいものです。

ジェンダーギャップの中での
"男の生きづらさ"

ジェンダーギャップ後進国日本の女性の苦悩

　日本はジェンダーギャップが大きい国とされています。2023年の「**ジェンダーギャップ指数**」（世界経済フォーラム）では、日本は146か国中125位に位置づけられており、前年から9ランクダウンし、順位は2006年の公表開始以来、最低でした。「教育」や「健康」では世界トップクラスに位置づけられますが、「経済」や「政治」における順位がかなり低迷していることが、全体のランキングに大きく影響しています。

　「日常の悩みとジェンダーギャップの関連性調査」（株式会社 Insight Tech、株式会社 SHeStands）では、「異性をうらやましいと感じたことがあるか」という質問に対して、「異性がうらやましい」と回答した女性は約9割、男性は約6割とされています。「日頃の不安や悩み」についての質問でも、女性は「家事の負担」や「育児や子育て」などの項目で高い集計結果が出ており、女性の持つ負担感や不満が高いことが示されています。恋愛や結婚市場においては、人口構成や社会が求める恋愛観の違いから、男性よりも相対的に女性の方が優位な立場に立つことが多いといわれますが、社会的・経済的地位においては圧倒的に男性が重要なポジションを占めることが多いことから、結婚して家庭を持った人の意識としては女性が抱える悩みは従来と変わらず深刻だといえるかもしれません。

　ジェンダーギャップは国や自治体、あるいは企業や事業所などが実施する政策や経済活動を通じてもたらされる部分も大きいですが、それ以上に大きな影響を持っているのが子育てや教育、そして社会規範として横たわる人々の意識です。どの国でも人は多かれ少なかれ「男らしさ」「女らしさ」を求められて生きているといえますが、日本はそうした性別役割についての規範の

力がまだまだ根強いといえるかもしれません。

　それは雇用や経済の分野で深刻です。結婚して出産を迎えたときに、退職を匂わされるような典型的なマタハラはさすがに少ないにしても、育児休業を終えて復帰したなら、「あまり大変なのならパートに切り替えたら」という無言の圧力が働くこともあります。不幸にして失業しても、未婚の女性は家事手伝い扱いされ、既婚者は本人の意思と関わらずに扶養されるのが当然といった空気もあります。男性ほどガツガツ働かなくてもよいといった目線がある一方で、深刻な失業や経済的困窮も男性ほど社会問題になりにくいという危うさもあります。

　一定年齢以上の男性、とりわけ経済力の高い層の男性の間では、「家事や育児は女性が担うのが当然」という考え方がまだまだ根強いともいえます。それらは彼らが恣意的にそのように考えているというよりは、生まれ育った環境や教育を通じて長年に渡って醸成されてきた感覚であり、国がジェンダー政策に力を入れて表面的に改善を促したところで、数年で劇的に生き方が変わるものではないかもしれません。職場や地域社会での人間模様を通じて少しずつでも意識を共有することで、行き過ぎた「男らしさ」「女らしさ」の呪縛からの解放を目指していく時代だといえると思います。

女性活躍推進の中で取り残される女性と男性

　それでは、日本はどこまでも男性中心の社会であり、女性が差別される構造がのしかかる中で、男性たちは幸せを謳歌しているといえるのでしょうか？ジェンダー平等をめぐる意識について調査している**「ジェンダー不平等指数」**（国連開発計画「人間開発報告書」）では日本は24位に位置づけられており、必ずしも「ジェンダーギャップ指数」のような"ジェンダー平等後進国"の結果ではありません。世界経済フォーラムの「ジェンダーギャップ指数」とは異なり、国連の「ジェンダー不平等指数」では日本は米国や英国よりも上位に位置づけられています。

　調査項目としては、「ジェンダーギャップ指数」が政治参加や経済社会におけるポジションをめぐる分野の項目が多いのに対して、「ジェンダー不平等

指数」は出生率や健康寿命といった日常生活をめぐる項目が多いといった違いがあり、調査の対象や方法も異なるため単純比較することは難しいですが、このような結果は日本におけるジェンダーギャップの構造の一端を表しているように思います。

OECDの**「幸福度白書」**のデータを見ると、ネガティブな感情バランスの男女格差において、世界的に男性の方が女性よりもネガティブな感情バランスを示すことが少ない中で、日本は唯一、男性の方が女性よりもネガティブな感情バランスを感じることが多い国とされます。この統計を見るかぎりでは、日本は相対的な感覚として、「男性よりも女性の幸福度が高い国」だということができるでしょう。

図22 ネガティブな感情バランスの男女格差

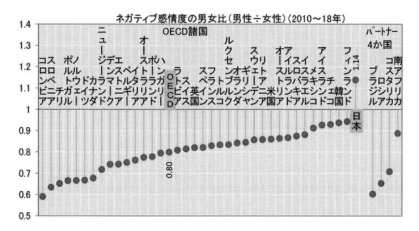

(注) 否定的な感情状態とは、怒り、悲しみ、恐れを経験することを言い、肯定的な感情状態とは、くつろぎ、喜びを感じ、大いに笑ったり、微笑んだりすることを言う。ネガティブ感情度 (Negative affect balance) は、調査前日の感情や状態について否定的な回答を肯定的な回答が上回っている割合を指す。ギャラップ世界調査からOECDが算出。国の並びは昇順。
(資料) OECD, How's Life? 2020

(出所：「OECD 幸福度白書5」2021年、明石書店)

また、電通総研が2021年に実施した「男らしさに関する意識調査」によると、「最近は男性のほうが女性よりも生きづらくなってきていると思う」という設問について、「とてもそう思う」「そう思う」と回答した人の割合は、18〜30歳で50.9%、31〜50歳で51.3%、51〜70歳で51.9%であり、

すべての年代で「生きづらい」と感じている男性が過半数を占めています。「まったくそう思わない」と答えた人の割合は、年齢が上がるほど低くなっている点も含めて、今の社会を生きる男性の率直な認識が表れていると考えられるでしょう。

図23 「最近は男性のほうが女性よりも生きづらくなってきていると思う」

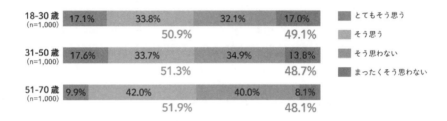

（出所：電通総研「男らしさに関する意識調査」2021 年）

　ジェンダーギャップが解消しない女性差別が根強い国だといわれながら、一方では女性の幸福度が男性よりも高いとされる日本の現状は、特定の世代に偏ってみられる傾向というよりは、現在の日本社会に起こっている状況をある意味象徴的に物語っている姿だといえるように思います。日本では、市民として日常生活を送る上では、かつてのような女性差別は基本的に解消しつつあるといえ、選挙権はもとより婚姻や相続をめぐる法規範においては、当然のことながら男女平等が実現しています。ハラスメントをめぐる問題においては女性が被害にあう傾向が強いといえますが、セクハラやパワハラを防止するための対策や法整備も徐々に進みつつあり、少なくともそれを解消、撲滅させるための社会的な意識は急速に高まっています。

　一方で、男性が「**一家の大黒柱**」として家庭において主たる稼得能力を担うべきだという昭和的な感覚は、基本的には今なお多くの人の意識の底流にあり、事情を問わず「働かない男」に対する社会的な風当りは深刻化しがちです。「**女性は家庭責任を果たすべき**」という風潮については、男性と同じように経済社会の中で上昇志向を持って活躍したいと考える女性にとっては度し難い差別と受け止められるものの、結婚したら専業主婦になりたいと希望

する人にとっては必ずしも差別であるともいえず、むしろそれが女性のあり方だと積極的に受容するケースもあります。

　男女のジェンダーギャップが顕著でありながら、女性の幸福度が高いという矛盾の構図は、奇しくも今の日本社会がアクセルとブレーキを同時に踏んでいることの表われなのかもしれません。戦後の混乱期においては男性も女性も貧困と対峙する中で明日に向かうことが求められましたが、やがて男性は企業戦士として専ら稼得労働に従事し、女性は専ら子育てや家事に従事するという昭和的な役割分担が定着していくことになります。うがった見方をするならば、男性型の一本道か、女性型の複線コースかが、問われているのが今の時代なのかもしれません。ダイバーシティという視点では明らかに複線型といえるのかもしれませんが、日本的経営（たとえば老舗の研究）という観点では必ずしも複線コースが優位ともかぎらないと見る向きがあり、これからの社会の方向はなかなかに不透明かもしれません。

　このような矛盾は、「男らしさ」「女らしさ」という価値観を世の中の多くの人が揺るぎないものだと受け止めてきたことに由来しているのだと思います。男は大きくて、力強くて、リーダーシップがあった方がいい、女は可愛らしくて、愛嬌があって、従順な方がいい。このような価値観に影響され過ぎた結果として、男性には社会的責任が集中するから、効率的である種の生産性が上がるけれども、やはり男性特有の生きづらさが生じてしまい、平均的には女性ほどは長生きできない現実がある。女性はというと、家庭中心で愛すべき子どもと向き合って平穏で安定した人生を謳歌しやすいけれども、男性社会にありがちな"女は若い方がいい"という偏った価値観にさらされやすく、自分の意思で生活基盤を築いたり、社会活動を営むことが難しいケースが多い。

　この2つはそれぞれ別々に起こっているのではなく、全体として見れば同じ出来事の裏表なのだと思います。「男らしさ」「女らしさ」の価値観への呪縛→平均寿命の男女差がじわじわ広がる→さらなる「男らしさ」「女らしさ」の"再生産"→男性も女性もそれぞれ"生きづらい"社会。こんな絵になっているとしたら、まったくもって笑えない現実です。ジェンダーギャップ解消、女性活躍推進の中で取り残されているのは、多くの女性たちだと考えられま

すが、少なからぬ男性たちもまた別の理由で取り残されているというのが、今の日本の現状だといえるのかもしれません。

男性学の視点からみた "男の生きづらさ"

男性学という学問分野があります。日本では女性学の方が有名ですが、女性学と同じ社会学の一分野です。社会において男性が抱える悩みや問題を扱う学問ですが、女性学の影響を受けて日本では1990年代に本格化して30年以上の歴史があります。最近は大学や市民センターの公開講座などでもジェンダーをテーマとした講義がたくさんありますので、耳にしたことがある人も少なくないと思います。日本では、欧米ほど女性学（フェミニズム）の社会的な影響が大きくなく、1970年代のオイルショックを経ても男性中心の雇用形態があまり変化しなかったことから、男性学の流れはやや遅れをとったといわれますが、職場におけるさまざまな問題をジェンダーの視点から考えるとき、男性学の流れは意識せざるを得ないといえるでしょう。

男性学の代名詞的な研究者といえば、オーストラリアの社会学者、レイウィン・コンネル氏の名前が挙がります。コンネル氏は、従来は支配する性である男性と、支配される性である女性という構図で描かれてきたジェンダーについて、"男性の複数性"という見方を導入することで、**「覇権的男性性」**と**「従属的男性性」**という概念を打ち立てました。男性と女性の非対称性は、ただ単純に男性が支配する性、女性が支配される性として存在するわけではなく、男性社会の内部には「覇権的男性性」と「従属的男性性」が存在し、社会的地位や高い報酬や名誉を手にした男性（覇権的男性性）が、低所得で高いポジションを手にできず影響力を持てない男性（従属的男性性）を支配するという構図があるといいます。より「男らしさ」を体現することで支配階層に位置づけられてきたマジョリティ男性（覇権的男性性）は、「男らしさ」の規範を十分に発揮できないマイノリティ男性（従属的男性性）を支配することで、女性に対する優越性や権力性が正当化され補強される仕組みが社会に根づいてきたと説明されるのです。

このような考え方は、小難しく考えず、小学校低学年くらいの子どもの例

に置き換えると分かりやすいかもしれません。成績優秀でスポーツ万能で
ユーモア満点でクラスで人気者のA君は、勉強もスポーツも苦手でネクラで
友達もできないクラスメイトのB君との対比でより自分は「男らしさ」を持っ
ていると自覚することができ、同じクラスの女子生徒Cさんからも「A君は
男らしい」と認められることで、周りからもリーダー的な存在として慕われ
ることになります。同時に「男らしい」A君は多くの女子よりも学級委員長
や授業での発表者にふさわしいと目されることで、結果的に「男らしさ」が「女
らしさ」よりも対外的に優位に扱われがちだという構図を生み出すことにな
ります。

　職場における男性と女性という視点に転じると、経営者や管理職はほとん
ど男性ばかりだという圧倒的な男性社会の光景には、肩身の狭い思いで自分
らしく向上心を持って活躍することが困難な女性たちの傍らで、高いポジ
ションにある男性に支配され従属させられることで苦悩や閉塞感に苛まれる
男性たちがたくさん存在します。このような絵は、従来からさまざまな場面
で断片的に認識されつつ、女性が差別されたり制約を受けているという問題
と、男性社会内部での階層性や生きづらさの問題とが必ずしも互いに関連し
あっているという目線で語られることは少なかったのかもしれません。これ
からのジェンダーと働き方というテーマを見ていく上で、このような切り口
は貴重な視座を与えてくれるのではないかと思います。

実録・男性固有の問題が労務問題に発展する

　それでは、実際に職場における男性たちには何が起こっているのでしょう
か。男性であることにともなう問題が、深刻な労務トラブルなどに発展する
ことがあるのでしょうか。

【事例①　製造メーカーのAさんの例】
　ある製造メーカーに勤務して10年ほどになるAさんは、勤務態度も真面目で
コツコツ努力を重ねるタイプであり、後輩の面倒見もよいことから会社からの評
価もそれなりに高かったのですが、いわゆる"技術屋さん"にありがちな寡黙で

無趣味で女性が苦手な人柄であり、ずっと独身でほとんど女性と話すこともできないほど異性に対してあがり症なのがコンプレックスでした。

　総務部に転属になって女性の課長のもとで仕事をするようになって、Ａさんの職場での言動やモチベーションが変容してしまいます。確実に事実を積み上げて論理的に仕事を進めるタイプのＡさんに対して、女性課長はどちらかというと持ち前の明るさと行動力を武器にうまく周りの雰囲気を察してコミュニケーションを図っていくタイプなので、Ａさんのコンプレックスがさらに強まり、次第にすきま風が吹くようになりました。技術屋あがりのＡさんは総務部の社内手続きや対外的な届出などの知識がないため、課長や先輩社員と意思疎通を図りながら仕事を進める必要がありますが、総務課自体が女性の多い環境だったこともあって次第に職場で孤立していってしまいます。

　業務で必要な会話を交わすのもおっくうになって意気消沈していたＡさんのメンタルに大きな打撃を与えたのが、異動になって初めての人事評価でした。今までの部署でずっと高評価を得ていたＡさんの評価は「３（中）」で、賞与の金額が実質的に目減りしただけでなく、１歳年下の後輩の評価が「５（高）」だったと知って、居場所のない失望と不満に苛まれました。毎晩の晩酌の酒量も増えて朝寝坊しがちになって、急激に体重が増えるなど健康面での不安も高まり、将来への意欲を失ったＡさんは、思い切って人事部の窓口に相談したのですが、ここから半年に渡る上司との壮絶なバトルが続くことになりました。

【事例②　金融機関のＢさんの例】
　新卒で金融機関に就職して15年ほどになるＢさんは、地元でも名が通って信頼される企業で勤務していることを誇りに思いつつ、昭和の時代から引き続く"体育会系"の営業体質に強い違和感を持って思い悩んでいます。ノルマを達成することが至上命題という社風から、行員には融資先の経営陣と渡り合う「男らしさ」が要求され、服装や髪型だけでなく、行動や考え方にも"マッチョ"な体質を求められる現実に、もともと小柄でファッションに興味があったＢさんは、徐々に違和感を持つになりました。

　この銀行では、男性行員はスーツで、女性についてはパート社員は制服、正社員は自由という慣行がありました。このような男女をめぐる扱いの違いが服装だ

けでなく、現実的に男性にはもっぱら外回りの営業が求められ、女性行員が従事する内勤の窓口業務への門戸はほぼ開かれていなかったことも、Bさんにとっては大きな不満でした。社内には仲良くする女性社員が多く、毎日のように自然にコミュニケーションを取っていたことから、Bさんは過剰に「男らしさ」が要求されるこの会社ではやりづらいという感覚を日増しに強くなっていきます。

　Bさんの心境に変化が起こりつつあるなかで襲ったのが、上司や先輩からのあまりにも配慮に欠ける言葉の暴力でした。毎朝の朝礼で前日までのノルマが達成されていないと叱咤激励を超えた罵声を受けましたが、「お前はそれでも男なのか」「女みたいな存在だ」と次第にエスカレートしていきます。Bさんの体形や髪型や行動にまで話が及んで、とても社外で言葉にできないような仕打ちを受けたとき、もうこの環境では無理かもしれないと感じました。

　Bさんは労働局の相談窓口に申し出て会社のハラスメントについて訴えていますが、性的少数者に対する侮蔑語のような表現を上司が連発していた事実が録音されており、Bさんがメンタルクリニックから適応障害との診断書を交付されていたことは、客観的に見ても労働者の権利侵害となる可能性が高いとして、今後の対応について協議しているといいます。

【事例③　薬品メーカーのCさんの例】

　ある薬品メーカーに勤めて20年以上になるCさんは、大学院を出て就職してから創薬研究などの研究畑を歩んできましたが、今までの経験を活かして社内広報的な業務を受け持つようになり、コロナ禍によってテレワークによる在宅勤務をすることが多くなりました。コロナの感染者数が増えていた時期は夫婦そろって在宅勤務の日も多かったので、お互いに協力し合って家事を担い子どもと過ごしていたのですが、妻が通常出勤に切り替わるようになると、次第に家庭内での役割が逆転していきます。

　今まで男性社会のど真ん中で活躍することに生きがいを感じていたCさんですが、もともと料理や掃除なども手際よくこなし、子どもと触れ合うのも好きだったこともあり、家庭内で過ごす時間が増えるにしたがって、自分の心が "主婦化" していくのに気づきました。Cさんの妻は、当初は家事をこなしてくれることに感謝し理解を示していましたが、お互いの役割が逆転することで次第に波長が合

わなくなり、ふとしたことで夫婦喧嘩が絶えなくなります。

　将来の自分のキャリアや家族との関係について懸念したCさんは、在宅勤務で得たオンラインでのさまざまな出会いや情報に触発されて、資格を取得して副業を立ち上げる可能性を模索します。このCさんの希望には妻も好意的だったのですが、原則副業禁止を就業規則に規定していた勤務先では、何度か人事部に掛け合っても許可が出ることはなく、それどころか「そんなに副業したいなんて、今の仕事への意欲が足らない」と上司から嫌味を言われ、異動をほのめかされてしまいました。

　昔ながらの「男らしさ」「女らしさ」の意識が強い妻は、主婦的な役割が大きくなっていくCさんに嫌悪感をあらわにするようになり、感情的なすれ違いが重なったこともあって、ついに離婚を持ち掛けられました。Cさんは子どもがもう少し成長するまでは今のままでありたいとして弁護士に依頼して協議を続けていますが、すっかり会社での職務への意欲も減退してしまい、できるだけ多くの時間外手当や諸経費を請求しようという考えに舵を切ってしまいます。離婚協議の担当弁護士から会社に残業代未払い請求が行われ、過去3年分の手当をめぐって深刻なトラブルに発展しています。

男性の育児休業と「役割意識」の歴史

　育児介護休業法の改正により2022年から**男性の育児休業制度**（産後パパ育休）が施行され、周知・意向確認義務、男性育休制度、取得率公表義務が段階的に実施されています。令和4年度雇用均等基本調査では男性の育児休業の取得率は17.13％と過去最高を更新しており、仕事と家庭の両立についての社会的な意識は高まっていますが、一方で夫は仕事、妻は家事という昭和的な役割意識も根強く残っており、意識の変革や啓蒙の必要性も指摘されています。

　日本における男女の役割意識の実態については法律や制度面とともに、歴史的な経緯や背景が大きく影響しているといわれます。この点については、中村敏子氏『女性差別はどう作られてきたか』（集英社新書）が参考になります。本書では、以下のような点について平易な文章で解説されています。

　江戸時代の「家」における夫婦は一体ではなく、妻は独立性を持って職分を果たし、女性は結婚後も姓を変えることなく、財産権を持ち続けた。妻は「女房」として家政を担当するマネージャーの役割を果たし、「当主」である夫と共同経営者のような立場で、夫婦が助け合いながら「家」（事業）を運営していた。

　明治時代になって、小学校以外は男女「別学」となり、「女戸主」の廃止、「良妻賢母」教育の推進などがはじまった。「家」から男性たちが出て「月給取り」となっていったことで、「家」には妻と子どもが残され、女性は「家」における役割を縮小され、日常の家事と子どもの世話を担当するようになった。

　西洋近代に成立した「公的領域」と「私的領域」の分離が日本においても加速され、いわゆる「近代家族」が成立したことで、男女の役割分担、役割意識がより明確になっていった。

　これからの日本は以下の「3つのモデル」における実質的な選択が迫られている。
「世帯主モデル」……性別分業、女性が家事労働。日本、ドイツ。
「性別中立モデル」……男女平等に働き、外部サービスの充実。アメリカ。
「性別公平モデル」……男女平等に働き、家族生活にも関わる。スウェーデン、オランダ。

　いわゆる「**専業主婦**」は必ずしも日本古来の文化や制度という面だけでなく、政策誘導によって社会経済的に創造されたシステムという側面があります。その意味では、本質は男性が「**家**」から分離して被用者として生産労働の場に従事するシステムと対になっているといえるのかもしれません。
　蛇足ですが、先日筆者がある勉強会で本書の内容をシェアしたところ、「男性が主な働き手として家計を支え、女性が家事や育児を通じて家庭を担うという役割分担の歴史は、意外と新しかった」という点に参加者全員が驚きを

隠せずにいました。男性の育休制度の浸透にあたって、少し参考にできるテーマかもしれません。

●国際男性デーと男性の働き方

　毎年 11 月 19 日の**国際男性デー**は、1999 年からトリニダード・トバゴで始まった記念日であり、男性と男の子のロールモデルに光を当て、その問題に取り組み、解決していくことを目指す国際的なイベントとされています。毎年 3 月 8 日の**国際女性デー**は、1904 年にニューヨークで起こったデモを発端として、1910 年にコペンハーゲンの国際会議で女性の記念の日として設定されたことで有名ですが、国際男性デーの方はまだあまり知られていないのかもしれません。

　毎年記念日の前後には、オンラインを含めたさまざまなセミナーや勉強会などが行われます。人生 100 年時代や本格的なダブルインカム時代を迎え、従来の男女（夫婦）の役割分担意識が変化し、男性の育児休業取得が推進される流れの中で、男性の生き方や働き方を問い直すような趣旨のイベントも増えていると感じます。

　「男女共同参画白書」令和 5 年版においても、人生 100 年時代の男女共同参画の課題のひとつとして、男性の人生も多様化していることを念頭においた政策が必要であるとの認識が示され、さまざまな自治体や企業においても従来からの女性参画推進のテーマとともに、男性の多様性にフォーカスした発信や施策が加速しつつあります。

　同白書の「特集・新たな生活様式・働き方を全ての人の活躍につなげるために〜職業観・家庭観が大きく変化する中、「令和モデル」の実現に向けて〜」では、「人生 100 年時代を迎え、我が国における家族の姿は変化し、人生は多様化している」という認識のもとに、「今こそ、固定的性別役割分担を前提とした長時間労働等の慣行を見直し、「男性は仕事」「女性は家庭」の「昭和モデル」から、全ての人が希望に応じて、家庭でも仕事でも活躍できる社会、「令和モデル」に切り替える時である」とまとめられています。

「男性もまた、男女共同参画社会の恩恵を受けられておらず、希望する生き方を実現できていない。結婚してもしなくても、子どもを持っても持たなくても、性別を問わず、仕事か家庭の二者択一を迫られることなく、自分らしく活躍できる環境が求められている」という認識も示されていますが、まさに今が時代の過渡期だという意識を共有しつつ、職場におけるダイバーシティ推進や風土改革においては、必ずしも女性のみがマイノリティではなく、男性も幅広く多様化している時代だという認識を底流においていくことが求められる時代だといえるでしょう。

「男らしさ」「女らしさ」の
アップデートが必要な時代

明治〜戦後に培われた男女役割が終焉した

　国策としてジェンダー平等が叫ばれ、さまざまな分野で啓蒙や活動が進められていますが、労働の現場や働き方をめぐる課題を整理するためには、学術的な分野における見解や成果に学ぶことも有用です。ここでは、日本における家族とジェンダー平等の変遷についてまとめられた論稿である、三成美保氏『「近代家族」を超える―21世紀ジェンダー平等社会へ』（『家族の変容と法制度の再構築』法律文化社）で整理された内容に従って、歴史的な経緯や社会課題などについて触れてみることにします。

　戦後の先進諸国においては**「男性稼ぎ主」**モデルはどの国でも強かったのですが、スウェーデンは1970年代にいち早く離脱し、1995年の北京行動綱領の「ジェンダー主流化」を取り入れたEU諸国では、「男性稼ぎ主」モデルから「両立支援」モデルへの転換が急速に進められました。日本においては高度経済成長期以降に「男性稼ぎ主」モデルが導入され、1980年代の「日本型福祉社会」のもとで強化されました。

　「日本型生活保障」は1970年代に確立し、年功序列型の賃金が家族扶養分をカバーし、所得控除が還元されることで扶養コストが維持されました。税投入による社会保険と「男性稼ぎ主」モデルが連動し、税・社会保険の仕組みと男性中心の雇用制度によって、先進諸国の中では例外的に専業主婦が増大し、社会的にも家庭における専業主婦の存在がポジティブに評価されるようになります。

　「日本型福祉社会」を補充する政策が矢継ぎ早に打ち出され、配偶者法定相続分引き上げ（1980年）、配偶者控除の限度額引き上げ（1984年）、パート所得の特別減税（同年）、第3号被保険者の創設（1985年）、所得税の配偶

者控除創設（1987年）によって、専業主婦の「内助の功」に税・年金制度における特典が与えられることで、社会的な評価が定着することになりました。

「1.57ショック」や「ゴールドプラン」策定を受けて1989年が家族政策の大きな転換点となり、1990年代以降は少子高齢化に対応する立法や政策が相次ぎます。この流れの中で「男女共同参画社会」の実現が目指されることになり、2020年の第五次男女共同参画基本計画にいたるまで、ジェンダー平等についてのさまざまな数値目標が掲げられましたが、国際的な動向と比較すると日本におけるジェンダー平等政策は停滞しているといえます。

日本は「男性稼ぎ主」の安定雇用に力点を置いた生活保障を行ったことで低失業率を実現してきましたが、少子化対策が進展せず、家族給付が少なかった結果、高齢者向けの社会保障給付が多くなり、戦後に構築された男性の正規労働者（夫）と専業主婦（妻）というモデルによる性別役割分業の点で家族主義が強く、「家族支援指標」が低い点で、保守主義レジームの要素を持っているとされています（平成24年厚生労働白書）。

女性の就労促進に関して、国連ではジェンダー平等による「女性のエンパワーメント」が目指されているのに対し、日本では「女性活躍推進」という形で経済に特化した「女性の活用」が期待されているため、ワークライフバランスにジェンダー平等が伴わない場合も少なくありません。ジェンダー平等のないワークライフバランスは、女性が家庭責任を背負い込む現状を加速することで、結果的に男女格差を拡大し、企業の業績も下げてしまうという指摘もあります。

「人生100年時代」は、「仕事」のステージが長くなる未来であり、男女が等しく「仕事」ステージを充実させることが必要ですが、「人生100年時代構想会議」による「人づくり革命基本構想」「全世代型社会保障改革の方針」が示す未来図は、21世紀日本は、「ケアの権利」が保障されないまま、ケアを家族の「自助」に委ねる日本型「人生100年時代」政策が展開されているといえるかもしれません。

　「男性は社会に出たら定年まで働き続けて家族を養わなければならない」という考え方は、現在でも根強いといえます。久しく女性の社会進出が叫ばれ、今では妻が夫と協力して働くダブルインカム夫婦が完全に多数派になっており（図24参照）、育児介護休業法の改正の影響もあって、いわゆるイクメンもじわじわと社会に浸透しつつありますが、男性が主な稼ぎ手として家計を支えなければならないという発想は、「最後の砦」かのごとく現在においても支配的なようにみえます。

図24　専業主婦世帯と共働き世帯

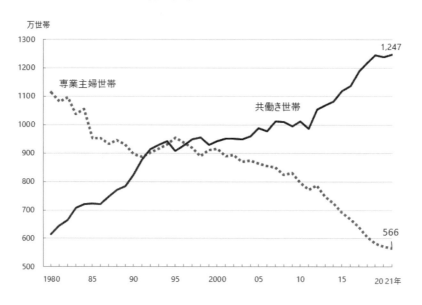

（出所：総務省統計局「労働力調査特別調査」、総務省統計局「労働力調査（詳細集計）」）

　複業研究家の西村創一朗氏は、このような日本社会の現状を「**大黒柱バイアス**」と呼んで警鐘を鳴らされています。西村氏によれば、「男たるもの、一家の大黒柱として主たる収入を稼ぐべし」という価値観はあくまで実態のない偏見に過ぎないといいます。本来は家庭生活には夫の力が必要であり、妻も協力して家計を支えるべきなのに、「大黒柱バイアス」という呪縛から解放

されないために、男女ともに不満や不効率や生きづらさに苛まれているのです。

「大黒柱バイアス」がいかに根拠のない偏見に過ぎないかということは、実際の家計のシミュレーションを見ても一目瞭然です。日本における会社員の平均年収は、男性約540万円、女性約296万円です。仮に、平均的な夫婦の年収を合算すると、540万円＋296万円＝836万円だとします。

これを夫のみが稼いで妻は専業主婦をしていたとすると、税金や社会保険料を控除した手取りは約638.8万円です。そうではなくて、夫540万円、妻296万円の共働きだとすると、合算の手取りは約664.6万円となり、共働きの方が約25.8万円手取りが増えることになります。この傾向は、合算した年収が同じでも夫婦ともにフルタイムで働くことで所得が接近するほど、強まることになります。

もちろん生計を成り立たせるための収入は家族が生活する上での重要な要素のひとつに過ぎませんが、仮に年間25万円程度であったとしても実質的に可処分所得が増えることに魅力を感じる人は少なくないと思います。ある意味では、夫が頑張って「大黒柱」役を務めることは、日本の税制や社会保険制度の上ではダイレクトにリターンが得られるとは言い難いのです。結果的に、社会保険や税の仕組みが勤労意欲を削いでしまっているといえるかもしれません。

「年収の壁」問題について

「年収の壁」問題とは、主婦パートなどが一定の労働時間を超えて働くと、第3号被保険者や健康保険の被扶養者制度から外れてしまい、収入が増えたにも関わらず手取り収入が減ってしまう問題のことをいいます。少子高齢化や社会経済情勢から今後の人手不足が加速するとみられることから、2023年9月に岸田首相が「年収の壁」支援強化パッケージを打ち出すなど、国としても働き手や働く意欲を抑制している矛盾への対応や対策が求められています。

「年収の壁」としては、「130万円」や「106万円」が有名ですが、実際に

はそれだけではなく、具体的には以下の数字が挙げられます。この図表は内閣府男女共同参画局が示しているものですが、年収が上がるにしたがってさまざまな税制や保険料の影響を受けるイメージがつかめると思います。

図 25　年収の壁

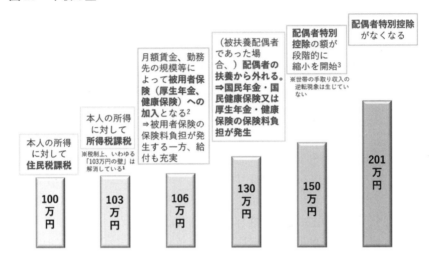

（出所：内閣府男女共同参画局「女性の視点も踏まえた社会保障制度・税制等の検討」2022 年 12 月 22 日）

　野村総合研究所（NRI）の試算によると、夫の年収 500 万円（別途家族手当）、妻は 106 万円超で社会保険加入、2 人世帯というモデルでは、妻の年収 100 万円のとき世帯手取り額は 513 万円であるにも関わらず、妻の年収が 106 万円に増えると世帯手取り額は 489 万円となり、差し引き 24 万円が減少する「働き損」が発生するとされ、逆転現象を解消するためには、妻の年収が 138 万円となる必要があり、当初の年収から 4 割増となることが求められるとされます（「『年収の壁による働き損』の解消を―有配偶パート女性における就労の実態と意向に関する調査より―」2022 年 10 月 27 日）。

　「年収の壁」への解決策として、政府は手取りが減るパートタイマーを救済するために、社会保険適用促進手当やキャリアアップ助成金で対応するとしていますが、税金や保険料を原資とする助成金を特定の労働者にだけ給付する点の適否、社会保険に加入することで将来受ける年金額が増える点の矛盾

などを総合的に考慮すると、さまざまな意見や利害が複雑にからみ合う問題だといえるでしょう。最終的には、第3号被保険者や被扶養者制度自体を撤廃することが根本的な解決につながると考えられますが、従来の"昭和型モデル"が果たしてきた役割や歴史的な経緯を急進的に旋回させる政策には国民的な理解が不可欠だといえ、一朝一夕には解決するテーマではないかもしれません。

　とはいえ、「年収の壁」の問題は、男女雇用機会均等、男女共同参画、同一労働同一賃金、男性育休の推進などといった多面的に推進されている国策とある意味矛盾する面をはらんでいるのは間違いないことから、「最低賃金1000円時代」に相応しい、男女がともに尊重し合い支え合いながら、仕事も家庭も両立させていく仕組みへと変化していく、具体的な道筋が求められているといえるでしょう。

ダブルインカムを後押しする企業が活性化する

　男性と女性とがそもそも違う生き物であることを前提とする「大黒柱バイアス」は、収入や家計面の影響以上に、夫と妻のそれぞれの生活設計やキャリア設計に致命的な縛りをかけてしまいます。そのことで、事実上、男性も女性も「生きづらい」世の中になってしまっている面を否定できないのではないでしょうか。

　働き方改革によって「同一労働同一賃金」が推進されていますが、これはそもそも男性と女性との間の賃金格差が国際的に見ても深刻な水準であることへの危機感からスタートしたものでした。この考え方は徐々に認識されつつあるといえますが、コロナ禍の非正規雇用への影響は正社員以上に深刻であったため、いまだ男女格差が目に見えて改善の方向に向かっているとはいえないのが現実です。

　従来の"昭和型"の役割分担では、妻がほぼすべての家事と育児を負担するという暗黙裡の社会規範によって、夫がフルタイムで継続して働き続けキャリアを築いていく上での強固な競争力が維持されてきたといえます。国のイクメン推進などによって夫の育児や家事への参加も促進されつ

つありますが、現実問題としては妻が出産後もキャリアを重ねて出世していくというルートは険しい道であり、実際には適性や理解のある夫の存在や祖母などが育児をサポートしてくれるといった事情に左右されがちだといえます。

　一方で、夫はいうとフルタイムで長期雇用されることによって相対的には高い収入と地位を手にすることができますが、その代償としてごく一部の例外を除いて社会に出てから定年まで脇目も触れずに仕事をするだけの生活という**「一本道の人生」**しか経験することができません。もちろん「それでいい」という人は問題ありませんが、多様性が叫ばれる時代の中で事実上一つの選択肢しかないことへの空しさや閉塞感も強まりつつあるといえます。

　男性が手にする相対的に高い収入はあくまで家族を養うためのものであり、基本彼自身が自由にぜいたくをできる趣旨のものではありません。また、彼が職場で手にするステータスはあくまで家族を養う収入を得るための手段に過ぎないことがほとんどであり、転職や定年によってその職場を去ると事実上は何らの意味を伴わなくなります。

　男性が夫として父として「一本道の人生」を歩むことには、多くの副作用を伴います。それにはさまざまなものがありますが、もっぱら稼得能力のみを期待されて突き進むことの弊害として、金銭的なメリットのない分野について無関心で無頓着となり、利害打算を離れた人間的なつながりや育みが希薄になるといったことが挙げられるでしょう。本来は輝かしい役割分担であるはずの夫婦関係が、お互いに共通のバックボーンを持てないことによりすれ違い、さらには軋轢や対立を生むのだとしたら、いったい何のための役割分担だったのか分からなくなるというものです。

　男性がもっぱら男性としての古典的な役割意識のみに集約して突き進んでいくと、その反射効果として女性が男性社会の外側に配置され、仕組みとして女性が差別される構造に置かれます。このことは、世界における数多くの戦争の歴史や、男性による多くの統治制度の変遷によって、証明されているといえます。私たちは、男性が古典的な意味において"頑張る"ことによって、女性が差別されるという原始的な構図から、そろそろ完全に決別する智慧と勇気を持ちたいものです。

「大黒柱バイアス」は単なる偏見です。それは、男性たちが戦争をやっていた時代の意識や社会構造の残像に過ぎません。もはや、それにこだわることにメリットはないどころか、無意識のうちに認知や行動に影響をもたらすことで、結果として女性も男性も苦しめられ、本来の自由な人生を手にできなくなる可能性が高まります。男性か女性かといった偏見に必要以上にとらわれることなく、誰もが意思と希望と能力に基づいて溌剌と活躍することで、より企業が活性化する時代を目指していきたいものです。

「男らしさ」「女らしさ」を排除した子育てが働き方を変える

ランドセルの色の自由化や制服のジェンダーレス化が進む時代、幼児のおもちゃに"性差"をなくそうという流れが本格化しています。子育てにおいて、男の子は自動車やロボット、女の子はぬいぐるみや人形という選択を押し付けるのはタブーとされ、Eテレの「おかあさんといっしょ」でも、男の子、女の子のキャラクターに加えて、"性別がない"キャラクターが登場するなど、明らかに時代が変わりつつあります。

大人になってからの人生を考えると、女の子がもっともっと社会で活躍し、経済的にも地位を築いていくのは間違いないでしょうし、男の子についても、家事や育児への参加は法改正もあってさらに後押しされていき、ファッションやライフスタイルの多様化も加速していくことでしょう。

自動車やロボットが男の子的なアイテムで、ぬいぐるみや人形が女の子的なアイテムだという価値観自体を無理に変える必要はないと思います。でも、人形に興味を持つ男の子、自動車のおもちゃを手に取る女の子の行動を否定したり、抑制したり、疑問を呈したりするのは、行き過ぎた社会規範だといえるでしょうし、男の子であるという意識のもとに、ぬいぐるみを可愛がったり、女の子であるという認識を持ちながら、ロボットで遊んだりすることは、子どもとしての自然な好奇心だと認めることが大切かもしれません。

私たちの社会は、大人になったら、男性、女性という違いに関わらず、すべて個性として尊重されるのが本来当たり前の姿であるはずです。仮にいま私たちがそう思えないとしたら、それは私たちの認識の中に何か特殊な力学

が働いているからではないでしょうか。「男らしさ」「女らしさ」という区分に一定の意味はありますし、文化的な価値は否定できませんが、男は絶対に男らしく、女は例外なく女らしくという"**強制**"が働いたとき、〜らしさはその特徴を尊重し合うという姿から、見えない"**壁**"によって分け隔てられてしまう姿へと変貌してしまいます。

あなたが昔、物心ついたときの頃を思い出してみましょう。男の子だから女の子と遊んではいけないとか、女の子だから男の子と話してはいけないと思っていましたか。おそらく、そうではないと思います。人間は生まれたありのままの心では、男の子と女の子とを無理に分けようとはしません。兄弟姉妹に男の子と女の子がいたなら、昔を振り返って違和感なく思い出すことができるでしょう。妹がお兄ちゃんと遊ぶ中で自然と男の子に交じって外で活動的に「〜ごっこ」をするのは自然ですし、弟がお姉ちゃんが可愛くおめかししているのを見て興味をしめすのも無理からぬことです。

子育てにおいて社会のルールや常識を伝えていくことは大切ですが、異質なことに興味を持つこと自体を否定してしまったのでは、そもそも自分とは異なる文化と向き合う力を培うことが困難になってしまいます。性別役割分担論にはさまざまな意見や見解がありますが、「**三つ子の魂百まで**」のたとえは、文字通り人生100年時代を迎えた私たちにとってリアルな響きかもしれません。大人になってからの人格形成の基礎が培われる幼少期だからこそ、固定的な価値観を押し付けたり、タブーを刷り込むのではなく、「自分で考え、自分で選ぶ」ための人間力を養っていきたいものです。

ひるがえって、私たち大人はなぜにここまで、男性であること、女性であることにレッテルを張り、むしろお互いの"**壁**"を高くそびえさせるのでしょうか。もしかしたら、何も知らない子どもの方がはるかに素直で、ありのままの人間らしさを発揮しているのかもしれません。ここ十年くらいの子育てや教育におけるジェンダーのあり方の見直しは、間違いなくこれからの働き方や生き方の根っことなるマインドを変えていくと思います。大人の職場の気質を根本的に変えるのは、キャリアアップやリスキリングというよりも、むしろ子どもの時代に過ごした風景とか人間模様にほかならないはずなのです。

● AI の進歩と働き方の今後

アメリカの OpenAI 社が 2022 年に公開した人工知能（AI）の「**ChatGPT**」が史上最速でユーザー数 1 億人を突破したことが話題になりました。わずか数分間で簡単にユーザー登録して、日本語で簡潔なキーワードを入力すると、数秒で明快な回答が示され、しかもかなり自然な言葉で文章が生成されるので、クオリティの高さに驚いた人も少なくないと思います。

従来、AI は解が明確な計算処理やビッグデータによる集計分析などは人間には到底およばないパフォーマンスを発揮するけれども、文章を書くという行為は人間的な経験知や語彙、表現をめぐる価値観が介在する要素が強いため、むしろ AI が人間の持つ知的水準に到達するのはまだまだ先だと思われていました。ところが、かなり高度な解析力で経験知を瞬時に正しい文章に落とし込む姿がオープンソフトという形でしめされたため、論理的で人の心を打つうまい文章が書けるとか、外国語を母国語に正しく変換できるというだけでは、必ずしも知的労働とはいえない時代がくるのではという危機感が広がったのではないかと思います。

AI が急速に進化する時代の中で、私たちの働き方はどのように変化していくのでしょうか？確たることはだれにも分かりませんが、ざっくりと考えると以下のような展開が予測されるのではないでしょうか。

⑴ **決まっている答え**を導く業務は、AI によって代替されていく

行政手続き、会計記帳、給与計算、社会保険、資料作成、データ入力、ファイリングなどは、ほとんどの分野で AI によって代替しうる可能性が高いのではないでしょうか。働くことは食べるための糧を手にする方法と割り切って、自分の意思や感性を押し殺して毎日定型業務をこなすような働き方は、そもそも“労苦”という感情を持たず有給休暇も発生しない AI には太刀打ちできない構図になっていくはずです。

(2) 調和と安定が尊ばれた職場文化から"**個性**"が威力を発揮する時代へ

　従来、集団的規律や相互扶助が重んじられてきた日本社会では、先例と違った手法やとがった個性は排除されがちでしたが、AI による定型業務の代替が加速していくことで、このような旧来型の構図が一変する可能性が高いと考えられます。人間しか発揮できない"感情労働"によって AI への優位性が確立される状況になると、ありのままの価値観において際立った個性を持っている人の活躍が促され、対人間ではなく、対 AI における"個性"が問われる時代が訪れるかもしれません。

(3) 職場における**性別役割規範**の意味が変わる

　配偶者控除や被扶養者制度、第 3 号被保険者制度などの税制や社会保険制度などが従来の典型的な夫＝仕事、妻＝家事・育児という昭和型の構図を後押ししてきましたが、このような従来の役割規範は大きく変容することが予想されます。男性向き、女性向きという属性別の志向・分類はあまり意味をなさなくなり、性差を超えた人間対 AI の構図の中で、人間コミュニティがいかに連携し、AI による労働の代替が加速する中で独自の就労の意義や付加価値を生み出していくかが問われる時代が近づくのではないでしょうか。

ジェンダーフリーへの取り組みが　　明るい未来を引き寄せる

ドレスコードの変革が多様性を実現する

「女性はオシャレな人が多いのに、男性はそうでもないですね」。たまにこんな意見を耳にします。もちろん個人差はありますが、オフィスでの服装をみても、同じドレスコード自由の会社で、女性がワンピースありカットソーありセーターありでデザイン的にも色彩的にも多種多様なスタイルなのに対して、男性はスーツを着ないにしてもシャツにパンツにジャケットといった型にはまった人がほとんどで個性はほとんど感じられません。

コロナ禍の影響で今年から男女ともにドレスコード自由にしたある会社の社長は、「男性は服装の自由に興味がなく、自由化しても面倒がって、結局スーツとたいして変わらない」と嘆いています。その社長は文字どおりのオシャレ男子で、自由なドレスコードの範を示していますし、顧客との接点はほぼメールとチャットで完結する業態なので、重要な会議でもなければあえてスーツを着る意味はないはずですが、令和の時代になっても"社内改革"はなかなか難しいようです。

男性がスーツというスタイルにこだわり、多様な価値観を服飾において表現しようとはしないのは、個人の意思や志向というよりは、**"男性社会"**という仕組みが機能しているゆえだと考えられます。だから、個人的には「スーツなんて着たくない」「もっとラフな服装で仕事したい」と思ったとしても、それは「男らしさ」という暗黙の前提から遠ざかってしまうので、やみくもに自由なベクトルを持つことは憚られる。まさにグレイソン・ペリー氏が『男らしさの終焉』で指摘した男性社会ならではの**相互監視**の仕組みです。子どもの頃からじわじわと刷り込まれてきている観念ですから、ゆでガエルのように無意識のうちに浸透しているといえ、それゆえに男性自身にとってはほ

とんど負担とか不自由には感じられないわけです。

　男性＝定型、女性＝自由というドレスコードの定式は、たんに服飾文化の
あり方という意味を超えて、ジェンダーにおける社会的分業の意識と明確に
結びついています。これだけ男女平等や女性活躍推進が叫ばれる時代にあっ
て、男性＝仕事中心、女性＝家庭中心という価値観がなかなか払拭しきれな
いのは、ドレスコードをめぐる男女差が文字どおり**"性別識別記号"**として
機能しているからだと考えられます。

　「男性が自由な格好をしたら、会社の信頼がなくなってしまう」。このよう
に懸念する人も少なくありませんが、多くの場合は杞憂です。人一倍オシャ
レでありながらバリバリ仕事をして地位を築いている女性たちの先駆的な歩
みをみれば、それが男性だからという理由で必要以上に心配する必要はない
はずなのです。

　ある会社では、昨年から社内のドレスコードを廃止しました。従来は女性
社員のみに制服があり、男性社員はスーツや作業服を着用していたところ、
時代の流れに合わせて制服の改廃を議論したのがきっかけでした。コロナ禍
の影響でオンラインによる打ち合わせや在宅勤務が増えたこともあり、男性
社員も従来のようにスーツを着る人が少なくなってきていたため、複数の女
性社員から「女性のみ制服は不合理なのでは」という声があがり、男女とも
に服装の自由化に踏みきりました。

　数か月後、社内アンケートの結果やミーティングでの反応を聞いたところ、
「暑さ寒さに対応しやすい」「個性が認められるようになった」という意見の
ほか、「上司と打ち解けやすくなった」「男性と女性との間の"壁"がなくなっ
た気がする」というものもありました。今までの男性＝スーツ、女性＝事務
服（もしくはカジュアル）という慣例が、知らず知らずのうちに男女や上司
部下の間の溝を助長させていた側面もあるのかもしれません。

　多様性は豊かな発想や個性的なスピリッツなどによってもたらされるもの
ですが、人間が身に着ける服装はその一翼を担っていることは間違いありま
せん。最低限の規律やルールの中で、それぞれのセンスや体質に合った服装
を選択していくことで、ビジネスマンとしての自主性・自律性が鍛えられ、
個性が発揮されることで仕事へのモチベーションも上がるのではないでしょ

うか。

　職場の服装の自由化については、2019年頃からKDDI、JR東日本などで先進的な試みが見られはじめ、スターバックス、ユニバーサル・スタジオ・ジャパン、レゴランド・ジャパンなどのサービス・接客業でも、男女共通のドレスコードを導入することで多様化の時代に積極的に対応していこうとする動きが広まりつつあります。中学や高校の制服においても、女子生徒のスラックスを認めるなどのいわゆる**ジェンダーレス化**の取り組みが進みつつあり、制服を制度化している全国の公立高校のうち4割以上で女子生徒にスラックスを認めているという調査もあります（「学校総選挙プロジェクト」、2021年）。

　一方で、連合が2019年に実施した調査では、「服装・身だしなみについての職場での決まり」については「最低限でよい」が54.9％、「本人に任せるべき」が18.1％であり、「決まりが男女で異なることについて思うこと」については「仕方ない」が36.2％、「TPOによって変えるべき」31.5％であり（「社内ルールにおける男女差に関する調査2019」）、職場での服装についてある程度の自由化が必要だと考える人が一定数を超えている一方、男女差については意見が分かれている結果が見てとれました。ただし、コロナ禍の前に実施された調査であり、昨今の変化の中で多くの人の意識面にも変容が見られる可能性もあるでしょう。

　職場の服装や身だしなみについては就業規則や服装規程などで規定が置かれるのが一般的ですが、行き過ぎた男女別のドレスコードを義務づけたり、服装の乱れを理由に服務規律違反で懲戒処分に問うような場合は、従来以上に時代の趨勢に逆行しないような配慮が求められるといえるでしょう。とはいえ、職場の服装をめぐる考え方には個人の価値観や世代間の認識の違いなどもあるため、今後を見据えた事業所としての方向づけを決めるには一定の期間とステップを要する場合も少なくないと思います。以下のような包括的な規定を軸に据えながら、幅広く従業員の意見や意識を集約していくような取り組みも必要なのかもしれません。

```
（従業員の服装・身だしなみについて）
第○条　従業員の服装および身だしなみは、清潔、清楚、上品を基本とし、
　　　職種や職場にふさわしいものでなければならず、具体的には会社が定
　　　めるガイドラインによるものとする。
2　会社が従業員の服装および身だしなみを規制するにあたっては、職
　　務を遂行する上での合理的な判断による必要があり、年齢や性別、身
　　体的特徴などによって差別してはならない。
3　次の各号に該当する服装および身だしなみは認められない。
　　（1）業務の効率を阻害するもの
　　（2）他人に不快感または奇異な感じを与えるもの
　　（3）著しく派手なものや、刺激的、挑発的なもの
　　（4）その他、従業員としてふさわしくないと判断されるもの
```

ジェンダーフリーの服装で出社する社員への対応

　現在においても、社会生活を送る上で男性と女性とではそれぞれ求められ
る役割が異なり、それに従って服装や規律が異なることが一般的な社会通念
としてある程度共有されています。したがって平均的な日本人の価値観に照
らせば、男性が女性のように化粧をして出勤したり、あるいは女性が男性の
ような服装で勤務することは、特殊なケースを除いては周囲に違和感を与え
る可能性が高いといえます。多くの会社では就業規則や服務規程において男
女別のドレスコードを定め、男性には職場にふさわしい清潔な服装を求め、
女性にはいわゆるナチュラルメイクを施すことを求めることには、一定の合
理性があるといえるでしょう。

　一方で、昨今はダイバーシティ＆インクルージョンの必要性が叫ばれ、企
業の現場においても古典的なジェンダー規範に必要以上に縛られることの弊
害が問われつつあります。国際的にも **Me Too 運動** の広がりが職場における
ドレスコードのあり方にも影響を与え、いわゆるパンプス論争においては航
空会社をはじめとする大手企業が女性社員に対するパンプス着用ルールを改
廃する動きがみられました。化粧についての社会的な動向にも変化がみられ、

最近では男性向け化粧品が続々と開発されて広告宣伝され、デパートやドラッグストアなどの化粧品売場にも若者を中心とする男性が足を運ぶ時代になりつつあることからすると、一概に男性の化粧は非常識ともいえないご時世だといえます。

　男性の勤務中の服装、とりわけ化粧が正面から争われた事例は多くはありませんが、医師から性同一性障害との診断を受けた労働者が女性の身なりで就業することの可否が争われた淀川交通事件（令2・7・20大坂地裁決定）では、性自認が女性である労働者が女性労働者と同じように化粧を施して勤務することを認める必要があるとし、そのことを理由に会社が労働者の就労を拒否することはできないとして、会社の指示による休業期間中の賃金支払いが命じられています。性的マイノリティをめぐる事件ではありますが、「今日の社会において、乗客の多くが、性同一性障害を抱える者に対して不寛容であるとは限らず、債務者（会社）が性の多様性を尊重しようとする姿勢を取った場合に、その結果として、乗客から苦情が多く寄せられ、乗客が減少し、経済的損失などの不利益を被るとも限らない」と裁判所が判断しているところは昨今の社会規範のひとつの表れとして参考になります。

　職場での身だしなみについては、男性労働者の髭や長髪について争われた例もあります。裁判所は、髪を切ることや髭を剃ることが業務を遂行する上で求められる必要性やそのような取り扱いの内容の合理性をもとに判断していますが、いずれも長髪や髭は見苦しいものではなく、処分などは無効と判断されています（昭55・12・15東京地裁、イースタンエアポートモータース事件）（平22・10・27大阪高裁、郵便事業事件）（令元・9・6大阪高裁、旧大阪市交通局事件）。平均的な男性が女性のような化粧を施すならともかく、眉を整えたり、血色を良く見せるためにケアをする程度であれば、会社が一方的に規律違反に問うことは難しいといえるでしょう。職場秩序の維持と多様性の尊重とのバランス感覚を持って、これからの時代を見据えていきたいものです。

「令和2年度　厚生労働省委託事業職場のハラスメントに関する実態調査」によると、過去3年間のハラスメント相談件数については、パワハラやマタハラ、カスタマーハラスメントなどでは「件数は変わらない」の割合が最も高く、セクハラのみ「減少している」の割合が最も高いという傾向で推移しているものの、パワハラについては他よりも多い9％以上の事業所が「件数が増加している」と回答していることから、パワハラをめぐる労働者からの相談が増える傾向にあり、企業の具体的な対応の必要性が高まっていることがうかがえます。

図26　過去3年間のハラスメント相談件数の傾向（ハラスメントの種類別）

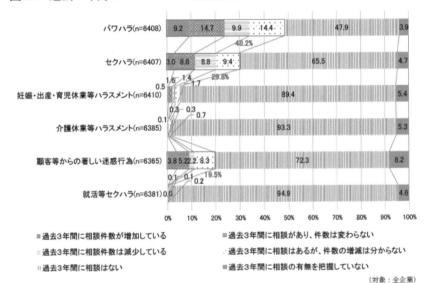

また、労働者に対する調査によると、パワハラ、セクハラともに「上司と部下のコミュニケーションが少ない／ない」「ハラスメント防止規定が制定されていない」「失敗が許されない／失敗への許容度が低い」「残業が多い／休暇を取りづらい」といった項目に回答した人の割合が高く、とりわけハラス

メントを経験した人と経験しなかった人との間の意識の相違が大きいといえます。

　パワハラ、セクハラともに「上司と部下のコミュニケーションが少ない／ない」という要素の割合が最も大きいという結果が出ていることから、セクハラもパワハラも被害者、加害者をとりまく構造には共通する部分があり、特に上司と部下における人間関係の悪化やコミュニケーションの欠如が原因で引き起こされるケースが少なくないことがうかがえます。

　2023 年に話題になった津野香奈美氏『パワハラ上司を科学する』（ちくま新書）では、パワハラ行為者は女性よりも男性が多く、その理由として、①管理職に男性が多い、②攻撃的な行動を取りやすい、③“有害な男らしさ”の影響、④相手の感情を読み取りにくい、⑤パワハラ行為を行いやすい性格傾向の 5 つが挙げられています。特に③の**“有害な男らしさ”**の影響については、社会的な規範として後天的に共有されている男性としてのジェンダーロールが、社会生活や企業活動の中でパワハラの加害行為と密接に結びついている可能性が指摘されている点はするどい示唆だといえるでしょう。

図 27　職場の特徴（パワハラ経験有無別）

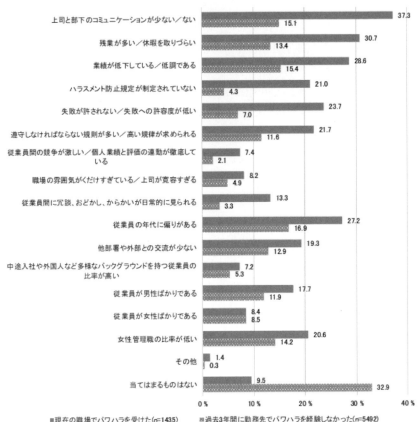

上司と部下のコミュニケーションが少ない／ない　37.3 / 15.1

残業が多い／休暇を取りづらい　30.7 / 13.4

業績が低下している／低調である　28.6 / 15.4

ハラスメント防止規定が制定されていない　21.0 / 4.3

失敗が許されない／失敗への許容度が低い　23.7 / 7.0

遵守しなければならない規則が多い／高い規律が求められる　21.7 / 11.6

従業員間の競争が激しい／個人業績と評価の連動が徹底している　7.4 / 2.1

職場の雰囲気がくだけすぎている／上司が寛容すぎる　8.2 / 4.9

従業員間に冗談、おどかし、からかいが日常的に見られる　13.3 / 3.3

従業員の年代に偏りがある　27.2 / 16.9

他部署や外部との交流が少ない　19.3 / 12.9

中途入社や外国人など多様なバックグラウンドを持つ従業員の比率が高い　7.2 / 5.3

従業員が男性ばかりである　17.7 / 11.9

従業員が女性ばかりである　8.4 / 8.5

女性管理職の比率が低い　20.6 / 14.2

その他　1.4 / 0.3

当てはまるものはない　9.5 / 32.9

■現在の職場でパワハラを受けた(n=1435)　■過去3年間に勤務先でパワハラを経験しなかった(n=5492)

（対象：全回答者(n=8000)）

※ 現在の勤務先の他の職場(n=374)、過去の勤務先(n=699)でパワハラを受けた者を除く

図28　職場の特徴（セクハラ経験有無別）

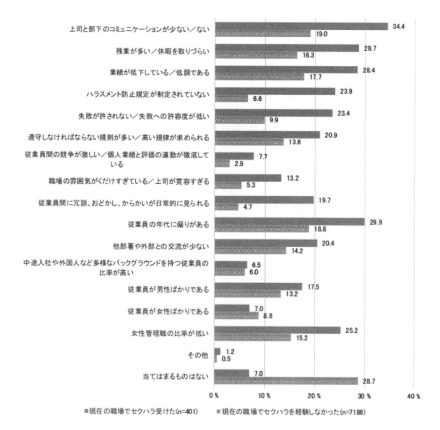

■現在の職場でセクハラ受けた(n=401)　■現在の職場でセクハラを経験しなかった(n=7186)

（対象：全回答者(n=8000)）

　社労士の顧問先や関与先での関わりのひとつとして、職場におけるハラスメントや労使トラブルを防ぐための予防法務の担い手としての役割があり、とりわけハラスメント防止のための企業研修や意識啓発などを行うことが増えています。具体的に筆者は、数年前から**「パワハラ予防カード」**（一般社団法人個を活かす組織づくり支援協会）を用いたカードワークによる企業研修に取り組んでいます。

　男女のコミュニケーション論の一人者で有名なジョン・グレイ氏は『一人

になりたい男、話を聞いてほしい女』の中で、男女の思考や発想の違いを 12 項目で示しています。たとえば、価値観について、男性は自立、成果、成功が大切と思い、他人と差をつけることが最優先されるのに対して、女性は分かち合いや配慮、支え合いが大切と思い、お互いが分かち合うことが最優先と考える。コミュニケーションの目的について、男性は会話の目的を問題解決や目標達成に置いて情報収集するのに対して、女性は会話の目的は問題解決だけではなく、つながりや共感を得ることだと考える、などの違いがあるといいます。

　パワハラ予防カードでは、以下のような 14 枚の「関係の質カード」を使って部下との関係の質を高めるワークを行います。どのカードを「自分があてはまる」と考えて選ぶかは参加者それぞれの価値観やその場における判断などによりますが、同じキーワードでも男性と女性とでは理解や受け止め方が異なることがあります。もちろん、男性なら必ず○○、女性なら必ず××という解釈になるとは限りませんし、個体差や揺らぎもあるのが通常ですが、ある程度の人数で男女の動きを見ていくと、やはり一般的な傾向はくっきりと分かれることが多いです。

　たとえば、「①関心を持つ」であれば、男性は相手に対する関心が仕事とプライベートにはっきりと分かれ、その人の地位や役割に関連づけて受け止めることが多いのに対して、女性では相手の服装や表情や言葉づかい、具体的な出来事についての感情面の動きに関心を持つことが多い。「⑦承認する」では、男性は数字や実績、行動などの仕事の具体的な成果や活動を誉める傾向が強いのに対して、女性はどちらかといえば本人の思いや心がけに着目し、日々の努力や結果に向けたプロセスを讃える傾向が強い、といった点です。

1．関心を持つ	8．感謝する
2．自ら話しかける	9．アサーションで伝える
3．話を聴く	10．謝る
4．意見や提案を尊重する	11．仕事の意味や価値を伝える
5．質問する	12．期待を伝える
6．リフレーミング（認知の転換）を行う	13．成長を支援する
7．承認する	14．建設的なフィードバックをする

　通常はこのワークは上司と部下の関係を想定して、自分自身のコミュニケーションスキルをチェックするために行いますが、筆者はジェンダー視点を盛り込むために2人1組で意見交換するワークを盛り込んでいます。男性と女性でワークを行うのが理想ですが、そうすることで一般的な男性と女性の目線やとらえ方、表現の違いに気づくことができます。次に役割を交代して、男性はあえて女性目線で、女性はあえて男性目線で意見交換します。このような流れを通じて、いかに自分自身が今まで男性（もしくは女性）であることにとらわれがあったかに気づくことができ、逆に性差を超えて根強い個性が宿っている例があることを認識する機会にもなります。

「マジョリティの中のマイノリティ」に光を当てる人事施策

　今の世の中は、「女性には家庭、男性には仕事を求める社会」だといえます。社会学者の上野千鶴子氏の『女の子はどう生きるか』（岩波ジュニア新書）では、小中学生からの質問に著者が回答する形で、小さな子どもがいる女性の先生は夕方5時には学校を出てしまい、子どもが熱を出すとすぐに休みを取るという例が紹介されていますが、男性の先生が休みを取らないのは、妻が「**ワンオペ育児**」をしているおかげで、家庭責任を免れているからといいます。子育て中の人、特に母親には責任のある仕事を与えないという "配慮" は、学校だけでなく社会のいたるところにあるものの、実質的には配慮という名の "差別" として機能しているのだと語られます。この点はまだまだ日本に広くのしかかっている悪しき慣例だといえるでしょう。

一方で、韓国では文在寅政権の時代にフェミニズム支援団体などに過剰な支援政策をしたことへのバックラッシュが起こっており、"男性と女性の壁"をめぐって国論が分断される状況が続いています。このような現象は日本でもまるで無縁というわけではなく、SNSで男性批判をした投稿が瞬く間に中傷のコメントにさらされたり、「デートでは男性がおごるのが当然」と発言した有名人が謝罪に追い込まれたニュースがネット上を駆け巡るなど、あたかも社会が分断されているかのような状況も垣間見えます。ジェンダーをめぐるマジョリティとマイノリティとの関係は単純な構図に置かれているわけではなく、むしろ年を経るごとに複雑さを増している様相にあるともいえます。

　筆者が代表理事を務める一般社団法人ジェンダーキャリアコンサルティング協会（大阪市）では、キャリアコンサルタントの有資格者を中心とする有志がジェンダーの視点からキャリアについての支援や発信・啓蒙活動を行っていますが、いわゆるマイノリティの人からの声にとどまらず、社会的にはマジョリティであるはずの働き盛り世代の男性からの声も少なくありません。現場の声と向き合っていると、「女性差別」や「女性の生きづらさ」の問題は、実際には"男性の生きづらさ"や"男性ならではの弱さ"と裏表の関係にあり、むしろ一体のテーマとして向き合わないと構造的に解決することが難しいのではと感じることが多いです。

　日本の典型的な企業では、「男は男らしく」「女は女らしく」といった事実上の複線化をすることで、労務管理や人事評価などが行なわれています。そうしたあり方をすべて否定するものではありませんが、現実問題として、男性がより力強くたくましく頑張ることでハラスメント要素が増大していき、女性がよりおしとやかに柔軟に振る舞うことで旧態依然たる"女性蔑視"のカルチャーが補強されてしまうという光景が無意識のうちに根づいてしまうのです。いくら「差別をなくそう」「女性活躍推進」と掛け声をかけても、実態が"性別役割分担"の構図から抜け出なければ、強者はいつまでも強者、弱者はずっと弱者という絵は変わりません。

　そこで実験的に取り組みを進めたいのは、企業の人事施策上の意思として、あえて「男らしくない」「女らしくない」役割期待を定型化し、実際の人材活用にも盛り込むという手法です。たとえば、従来は実質的に内勤はすべて女

性、男性はほとんど外回りという職場では、あえて実験的にまったく逆の異動人事を試行します。1年目は内勤社員の1割が男性、外勤の営業職の1割が女性、3年後にはそれぞれ2割といった数字的な目標を設定して人事交流をはかるだけでも、実際の職場風土は見に見えて変化するかもしれません。

　人事考課にあたっても、ポジティブアクションとしてあえて男性社員には従来は"女性的"とされるようなキーワードを、女性社員には"男性的"とされるキーワードを情意考課の項目に入れ込み、従来の男性、女性への固定観念に縛られない取り組み方や姿勢、勤務態度などを企業の意思として促していきます。たとえば、男性に対しては、分かち合いや配慮、支え合い、つながりや共感を得ることなどが仕事に向き合う上で大切な項目であり、評価のひとつの大きな要素になることを共有します。

　この際、社員の側が十分にその意図を理解する機会を作ることが重要です。具体的には、人事評価制度の改定にあたって社内説明会などを重ねた上で、1on1 ミーティングをきめ細かく実施することがポイントとなります。典型的な男らしい男性社員、女らしい女性社員でも、組織で仕事をする上で異性の要素を理解したり、取り入れることの有用性への理解は得られることが多く、会社のルールとして確立することで抵抗感を示される例は思いのほか少ないものです。

　総じていえることは、すべての男性社員が男らしいとは限らず、女性社員が女らしいとは限らないということを、実感として共有することが重要だということです。一般的にジェンダー規範は生まれもって備わっているものではなく、人間が社会生活を送る上で獲得していくものだといわれますが、逆にいえばそれがレッテルを張るがごとく強固に働き過ぎると人材活用の上でのマイナス面も大きくなっていきます。「意外と男性も女性も関係ない」「やってみたら女性（男性）的な役割が向いていた」という実感が得られたら、第一関門突破だと考えられるでしょう。

マイノリティの活躍が多様性への架け橋になる

　障害雇用安定法では一定規模以上の事業所に障害者の雇用義務を課してい

ますが、2023年の法改正によって2024年度から2.5％、2026年度から2.7％と段階的に引き上げられます。身体障害、知的障害、精神障害といった身体や心にハンデを持った人は典型的なマイノリティだといえますが、法律で雇用が促されることで実際の雇用機会が広がり当事者の自立支援がはかられるのはもとより、それらの人たちの個性や特徴が職場で活かされることで障害者に対する社会的な偏見を除去し、また就業を通じて社会に貢献し経済活動を営むことで、経験的な自信を獲得することにもなっています。

　同様のことが、いわゆる性的マイノリティについてもいえます。政治家や有名人の“問題発言”がしばしば話題になりますが、マイノリティに対する差別や偏見は許されないという意識が高まり共有される中で後を絶たないのは、不注意や無理解による失言が多いだけではなく、職場や地域社会においてイキイキと活躍して周りに貢献しているリアルな姿について肯定的な評価が根づいていないこともあるように思います。イチロー選手がアスペルガーで、黒柳徹子さんがADHDの有名人だということはよく知られています。先ほど紹介した社会学者のレイウィン・コンネル氏は出生時は男性に生まれ、女性に性別移行していますが、男性学の世界的権威である評価はまったく揺るがないといえ、逆にジェンダー分野を専門とする研究者として、男性と女性の双方の生き方を身をもって経験してきたことが、むしろ他の研究者にはないリアリティとしてプラスに働いている面もあるのかもしれません。

　多くの人が豊かさを享受する時代になって、頑張ってモノを作れば売れる世の中ではなくなりました。テレビが一家に一台という時代が遠く過ぎ去って、誰もがスマホやタブレットを24時間携行する世の中になって、何に魅力を感じてどんな人生を歩みたいと考えるかという価値観は、本当に千差万別が当たり前になりました。子どもが減ってお年寄りが増える少子高齢化に拍車がかかることで、10年前、20年前と同じライフスタイルをこれからを生きる人が再現することは多面的な意味で不可能に近くなります。だから、地域や業種業態や企業規模を問わず、「これからは多様化の時代だ」「差別化しないと生き残れない」といわれて久しいです。

　一方で、朝起きてスーツに着替えて出社して、みんなと協力し合いながら1日8時間働いて、真面目にコツコツと会社から期待される役割を果たすと

いうサラリーマン生活の本質は、コロナ禍を経ていくぶんかデフォルメされてきているとはいえ、そう簡単には変わらないのもまた現実です。人間は不安な生き物ですから確かな手ごたえがないと過去の踏襲を改めるのは難しいし、とかく右にならえの協調文化が支配してきた日本のビジネス社会では、あえて周囲とまったく違った言動をとるのは相当のリスクが襲うものです。このように考えると、ありのままの特徴や価値観において際立った個性を持っているマイノリティの活躍を促すことは、行き過ぎた先例主義や没個性になりがちな年功主義的な社風に彩りを与えて新風を迎える十分な契機となることでしょう。

　かつてダニエル・キム氏は『ハイ・コンセプト』で、右脳思考を重視して**「新しい事を考え出す人」**の時代がきたと指摘しました。ハイ・コンセプトは、チャンスを見出し、感情面に訴え、バラバラな概念を組み合わせて新しい概念を生み出すハイ・コンセプトと、他人と共感し、他人が喜びを見出す手助けをする能力であるハイ・タッチに分けられます。従来は私と他人、内と外とを明確に分けて強固な規律性の中で活躍する人が評価されてきましたが、ハイ・コンセプトやハイ・タッチの要素が加速していくと、私や他人、内的世界や外的世界、私とモノの境界がない曖昧な時代になっていくと考えられます。このような構図は、従来の社会においてマジョリティに位置づけられた人たちは必ずも得意としてきたわけではなく、むしろマイノリティとされる人たちが潜在能力を発揮する可能性があるのではないかと思います。

　「みんなできることが自分だけできないのは恥」。「みんな黒い服を着ているのに、自分だけ赤い服を着ていたら叱られそう」。「誰ひとり異論をいう人がいないのに、自分だけ厳しい意見をしたら浮いてしまう」。こんな不安や心配は、マイノリティであるかマジョリティであるかを問わず、多くの人が感じているはずです。そして、人間誰しも全人格的にマジョリティという人はおらず、誰もが他人とは違った個性やハンデを秘めている点ではマイノリティ性を持っていますが、**「郷に入れば郷に従え」**の圧力が強過ぎると際立った個性は組織から根こそぎ排除され、表面的には"みんな同じ"の状況になってしまいます。

　企業の経営者や管理者がありのままにマイノリティが活躍する職場を目指

していくことで、多くの従業員や関係者が今までは気づいていなかった「もうひとりの自分」と対話することに目覚め、自然と幅広い多様性を認め合うカルチャーが浸透していくとしたら、これほど労使にとって豊かな実りを手にできる契機はないのではないかと思います。性的マイノリティには、さまざまな種類・属性があり、必ずしも性的指向や性自認におけるマイノリティとは限りません。ただ、自分とは異なるマイノリティの可能性を開花させることに熱心な職業人は、自分自身がいまだ触れたことがなかった可能性の芽を見出して育てていくスキルを培う機会にも恵まれやすいのかもしれません。

　マイノリティの活躍が企業活動や職場文化における多様性への架け橋になることを目指して、自分ができることから確かな一歩を踏み出していきたいものです。

●「人生100年」とジェンダー

　日本人の**平均寿命**は、男性81.05歳、女性87.09歳（令和4年簡易生命表）です。まだ100歳には到達していませんが、確実に100歳まで生きる人は増えつつあります。10年前、20年前には**「人生100年」**はあまりリアルではありませんでしたが、今は努力すれば誰でも手が届く可能性がある時代になりました。一生を過ごす時間が長くなるのは誰の人生にとっても豊かなことであり、私たちはその豊かさを享受している時代だといえるでしょう。

　そうなると、私たちのライフスタイルも変わります。今までは60歳くらいで職業人生のピリオドを打つ働き方が一般的でしたが、今は65歳はもちろん、70歳くらいまで働くのが当たり前の時代です。一方で、「そんなに長生きしたくない」という刹那主義的な意見や感覚を持つ人も少なくありません。それは健康上の心配もさることながら、経済的な不安が一番大きいのかもしれません。

　人生100年時代になると、私たちの生き方、働き方、暮らし方にさまざまな変化が訪れます。懸念されるのは、いまだに男女の役割分担意識が強過ぎることです。男性は働いて家族を養うのが本分という発想が強過ぎると、引退後は目的やモチベーションを失って、ただ余暇を過ごすしかなくなります。女性は家事や育児に専念するのが当然という発想が強過ぎると、現実に子育てを終えて家事もひと息ついたタイミングで、同世代の男性たちと肩を並べて豊かな職業生活へと羽ばたいていくキャリアを磨くことが、著しく困難になってしまいます。

　これからは、今までの「男らしさ」「女らしさ」に必要以上にこだわってはいけない時代なのかもしれません。男性もどんどん子育てや家事のようなケア労働に従事し、女性もどんどんキャリアを積み重ねて男性たちに負けない社会的・経済的地位を築いていくことが、求められていると思います。どんな時代も、新たな時代は若者が切りひらくといいますが、これだけ劇的な変化の中で人生100年時代を迎えた私たちは、「いずれ若者が新たな時代をつくっていくだろう」などと悠長なことをいっている暇はないのかもしれません。

　そもそも、日本において専業主婦の存在は、戦後の数十年の歴史しかないことが知られます。戦前や江戸時代以前の日本の文化や風習や意識なども柔軟かつ幅広く示唆を得るという意味では、一定の人生経験を経て成熟した世代の人びとが新たな時代への指針を引き寄せることで、より安定的で現実的な姿を描くことができるかもしれません。大きな変革期だからこそ、まさに自分の人生のテーマなのだという自覚と覚悟のもとに、力強くこれからの時代を描いていきたいものです。

第3章

知ることは
愛のはじまり

執筆：寺田智輝

私の願い「自分らしく生きたい」

　初めまして。寺田智輝と申します。この度は本を執筆させていただく機会をいただき、心より感謝申し上げます。そして、労働新聞社の伊藤さん、ともに執筆させていただいた小岩広宣先生、鎌倉美智子先生にも深く感謝しております。

　この本を制作するきっかけとなったのは、労働新聞社の伊藤さんや共著者の先生方とのご縁でした。そして、過去の辛い経験や苦しい過去も、今の私を形作る大切な要素であることを振り返りながら感じました。

　これまでの経験が私を創り上げ、幸せを感じ、誰かのお役に立てる喜びを見出すことができる今の私があることを再認識しました。これらの経験は辛かったというよりも、自己成長をさせてくれるものであり、私の人生をより豊かにしてくれたものだと感じています。

　突然ですが、もし、あなたの大切な友達や家族から
「実は私は性同一性障害で…」
と打ち明けられたら、あなたはどんな言葉を返しますか？

　考えたこともなかったことかもしれませんが、LGBTQ＋の割合は人口の8％〜10%前後、つまり10人から13人に1人とされています。

　実は、左利きの人や、AB型の人は10人に1人といわれています。これらの比率を考えると、左利きやAB型の人と同じくらい、もしくは少し少ないくらいです。

　あなたの周りには左利きの人や、AB型の友人がいますか？

　また、性別に違和感を感じている人やセクシャリティに悩んでいる人は周りにいますか？

　前者はいると答える人が大半だと思いますが、後者はいないと答える人が

多いのが現状です。

　実は、私は生まれたとき、女性として生まれました。
　今は外見だけでなく戸籍や社会的にも男性として生きています。過去には自分に自信を持てず
　「どうせ自分なんて」「でも」「だって」
　といった否定的な思考が頭をよぎり、自己肯定感が低く、悩みを他人に伝えることができなかった時期がありました。
　人と違うことはいけないことだと自分を責め、自分自身を受け入れることができなかった私が、病気でも、不幸なことでも、わがままなことでもないと自信を持って言えるようになりました。
　長い間、自身の違いを否定し、それが人としての価値を減じるものだと感じていました。しかし、人との出会いを通して、違いこそが個性であるということを知りました。
　これが私の個性であり、武器であると今では誇りを持っています。
　こういった性別に関する悩みや自己否定の日々を経て、自分を受け入れることの大切さを学びました。

　人間は誰しもが悩みを抱えています。
　経営者や会社員は仕事の成果や経営戦略に関して、孤独な戦いを繰り広げているかもしれません。
　親であれば、子どもたちの未来を思い悩み、最善のサポートを考えていることでしょう。学生は自分らしさを見つける過程で、自分との闘いや他人との調和を模索しているかもしれません。
　そして、私のように性別に関する悩みを抱える人もいます。一見異なる悩みやジレンマがあるように見えますが、その根底にあるのは共通の人間の葛藤です。だからこそ、違いを尊重し、分かち合うことが、お互いにとっての成長の一歩となるのです。
　私が自分自身をさらけ出すことで、今悩んでいる人が希望を見出し、自分らしい生き方のヒントとなり、違いを肯定しながら自分を受け入れることで、

職場の人間関係や友情、家族の絆がより深まることを願っています。

　知ることで、優しくできる。
　知ることで、厳しくできる。
　知るからこそ、寄り添える。
　知ることは愛のはじまりです。

　この本を通じて、過去や未来の不安を、光り輝く未来の希望となることを願って、心から感謝を込めて執筆をさせていただきます。

アレがない！ち○……

　私は生まれたとき、身体は女性として生まれましたが、心の中では自分の性別は男性だと感じていました。これは私の幼少期からの感覚で、特定のきっかけや出来事があって芽生えた願望や憧れではなく、純粋に自分が男性だと確信していたのです。
　幼少期、母親のお腹の中にいた頃の記憶のようなものがあります。この時期から、自分の身体と心の不一致を感じていたのです。お腹の中で、本来あるはずの『男性器』がないことに対して、焦りや怒りを感じていました。
　その記憶は、自分の身体に対する最初の違和感であり、その後もこの感覚は変わることはありませんでした。

　兄が『男性器』を持っているのを見て、私にはそれがないことに喪失感を感じていました。本来持つべきものを奪われたとさえ感じていたのです。
　そのため、私は兄に対して怒りや不満を抱えながら

「ちんちん返せ！」

と泣き叫び、兄を追いかけることが日常でした。

126

　その後、自分が本来持つべき『男性器』がいずれ現れると信じていました。立ちションの練習をしては母から怒られるという日常を過ごしていましたが、それでも希望を持ち続けていました。

　しかし、年齢を重ねるにつれ、現実が私の期待とは異なることを理解し、次第に『男性器』が生えてくることはないという現実を受け入れるようになりました。その頃から、立ちションの練習をやめ、兄を追いかけることもなくなりました。

　幼稚園に入学する頃には、自分の性別に関する違和感を他人に話すことはしてはいけないと感じるようになりました。

　しかし、深刻な悩みではなく、周囲が私を女の子として認識することに疑問を感じながらも、楽しい幼少期を過ごすことができました。

（3〜4歳頃の写真）髪の毛は伸ばされてパーマがかかっていた。

あだ名は『おとこおんな』と呼ばれた小学生時代

　小学校に入学した当初、上級生たちから『おとこおんな』という言葉でからかわれるようになりましたが、私にとってはその言葉は、からかわれているという感覚よりも、男の子として認識されていると思い、喜びを感じていました。

　私が通っていた小学校は小さな学校で、1学年に一つのクラスしかなく、

クラス替えもない環境でした。そのため、上級生とも友達のような関係を築くことができ、学校全体が一つの大きなコミュニティとなっていました。上級生たちとも一緒に遊ぶ機会が多く、学校内の生徒の名前を全員知っているという温かな雰囲気の学校でした。

　しかし、小学3年生の夏休み明けのある日、通学中に思わぬ出来事が起こりました。

　靴箱に向かって歩いている最中に、突然左腕に何かがポタッと落ちてきました。右手で触ってみると、手が濡れていることに気づきました。

　その瞬間、校舎の3階から上級生3人が笑い声を上げながら

「おとこおんなこっち見るな」
と言われました。

　そして、その後も左頬に何かが落ちてきました。左手で触ると、手にネト〜とした痰を吐かれました。上級生たちがケラケラと笑いながら

「おとこおんな学校来んな！気持ち悪いんじゃ！」
「おとこおんながうつる〜」
と声を揃えて言っているのを聞いたとき、初めて『おとこおんな』という言葉が、からかわれているのだということに気づきました。

　その瞬間、なぜ自分がこんな仕打ちを受けなければならないのか、悔しさと辛さが胸に広がりました。
　そして、上級生たちに対して立ち向かいたい気持ちも芽生えましたが、勇気を出すことができず、ただ握りしめた拳を持ってその場を後にしました。
　その後、水道で汚れを洗い流すときに、悔しさと辛さで涙が流れました。
　その瞬間の感情は今でも鮮明に覚えています。しかし、その後も、先生や親、友達には言えず、その感情を一人で抱えるしかありませんでした。

　いじめが徐々にエスカレートし、自分の性別の違和感といじめられても仕方のない存在だという思いが交差し、自己嫌悪と自己否定が始まりました。

　いじめの経験以降、私は本来男の子として生まれたはずなのに、何かの間違いで女の子として生まれてしまったという思いが強まりました。他の人とは違う存在だからダメなのだと、自らに言い聞かせるようになりました。

　その結果、いじめを受けても仕方がないし、人に受け入れられるためには普通の女の子として振る舞うべきだと考えるようになりました。

　そして、その思いがますます強くなり、友達が好きな人について話すとき、私も同じように好きでもない相手を好きだと言ってみたり、興味のないアイドルを好きだと言ってみたりしました。

　周囲に馴染むために、自分自身を偽ることが増え、自分の本当の気持ちを隠すようになっていきました。

小学2年生頃の運動会の写真

孤独な悩みを抱える日々

　中学生に進学して以来、友達と同じように受け入れられることが私にとって非常に重要だと感じ、みんなと一緒という安心感を手に入れるために嘘をつき始めましたが、後にそれが私を苦しめるものに変わっていきました。

　中学校では1学年に7つのクラスがあり、特にいじめを恐れ、自分を守るために周囲から目立たないようにすることが私の優先事項でした。制服を着

用し、髪を伸ばし、どの角度から見ても女の子に見えるように振る舞うことを意識的に努力しました。

しかしその選択が、私の内面に新たな葛藤を生み出すことになりました。

小学校時代よりも友達との関係に注意深く気を配り、違いが目立たないようにするために、周囲の考えや価値観に、できる限り共感しようとしました。そのために、本当の自分の気持ちや思いを内に秘め、嘘をつくことが日常的になりました。

そして、他人や自分を欺き、親に対しても嘘をつづけました。

自分の本当の気持ちを隠すために嘘を繰り返すうちに、嘘をつくこと自体に対して嫌悪感を抱くようになりました。そして同時に、本当の自分は一体何者なのか、自分自身を見失い、何を思い、何を感じ、どうしたいのかも分からず、不安と苛立ちを抱えていました。

自分自身を理解すること、受け入れることが難しいと感じる中、自己肯定感が低下し、自分自身に対する不信感や嫌悪感が次第に増していく苦しい状況に陥りました。

中学２年生になると、初めて生理が始まりました。

私は以前『男性器』が生えてくると思っていたのと同じように、生理は起こらないものだと考えていました。そのため、生理になった事実を受け入れることができませんでした。

頭では、私の体が女性であるために生理になったことは理解できていましたが、感情的にはそれを受け入れることができませんでした。体は女性だという現実を突きつけられ、これからも女性として生きていかなければならないという絶望感が私を襲い、未来に対する不安が押し寄せ、希望が見えなくなりました。

このことを誰に相談していいのかさえ分からず、周囲に心を開けずにいたため、深い孤独感に包まれてしまいました。自分の抱えている悩みをどうにもできないまま、一人で悩みを抱えていることに悲しみと無力感がありました。

誰にも理解されず、受け入れてもらえないという思いが、心の重荷となっていたのです。

現在、中高生25万人が、性別に関しての悩みを抱えているということもいわれています。

もし、今あなたが一人で悩みを抱え込んでいるのであれば、勇気を出してその悩みを誰かに打ち明けてみませんか。はじめの一歩を出すことは、その後の大きな一歩につながる勇気を生むことがあります。

誰かに自分の思いを話すことで、気持ちが軽くなることや新たな視点や解決策が見つかることがあるかもしれません。

（14歳頃）中学生の頃の唯一の写真
（女子の証拠が残るのが嫌だったので写真を撮らなかった）

なりたくなかった「女子校生」の葛藤

学校というルールだらけの環境での日々は、非常に辛いものでした。女子生徒用の制服を着用し、女性としての役割を演じることが、私にとっては苦痛でした。

他の人にとっては当たり前のことが、私にとっては無理に縛られているように感じられ、そのたびに心の葛藤が生じました。

学校では友達や先生との関係を築くために、自分を偽り、嘘をつくことが日常的になりました。特に性別に関することを話すのは避け、他人や自分自身に対して嘘を重ねました。この嘘に囲まれた生活は、自己肯定感を下げ、自己嫌悪感を募らせていくものとなりました。嘘をつくことで他人を欺き、同時に自分自身も欺いていたことが、心の内に大きな不安と罪悪感を生み出しました。

　しかし、その悩みから解放される貴重な時間がありました。それはソフトボールをしているときでした。ソフトボールは私にとって、自分自身を解放できる場で、ユニフォームを着てフィールドに立っている時間は性別や社会のルールに縛られることなく、純粋にスポーツを楽しむことができたのです。
　高校進学に関しても、私にとっては大きな葛藤がありました。私は高校には進学せず、働くことを選びたかったのですが、親や担任の先生、顧問の先生からは強く高校進学を勧められました。
　この選択に関して、自分の気持ちと状況に合わないものを押し付けられているように感じていました。
　しかし、ソフトボールの経験が評価され、高校からのスポーツ推薦で進学することになりましたが、その進学先は女子校であり、ますます自分の性別に関する葛藤が深まることを不安に感じていました。

　ところが、高校に進学したことで、新たな展開が待っていました。
　高校ではソフトボールに真剣に取り組む機会が得られ、そのことが私の自己肯定感を高めるものとなりました。ソフトボールの世界では、ソフトボール選手としての自分を肯定し、髪を短く切るなど、自分らしい行動が取れるようになりました。
　スポーツに没頭することで、嘘に塗り固められた日々から解放され、自分を受け入れるきっかけが生まれました。ソフトボールに集中する中で、自分自身に対する自信が芽生え、少しずつ充実感を感じながら、楽しい学校生活を送ることができるようになりました。
　高校の学校生活は楽しく、充実した日々を過ごしていました。この充実感

を味わえたのは、ソフトボールを通して自己肯定感を少しずつ取り戻し、嘘に縛られた過去からの解放ができたからではないかと感じています。高校は私にとって、自分らしさを取り戻せた場所だったように思います。

勇気の告白・孤独から解き放たれる

　大学生になっても、ソフトボールというスポーツが私の人生において大きな役割を果たしました。これにより、新たな一歩を踏み出す勇気を持つようになり、大学生活の中で自分と向き合い、自分を受け入れること、人と向き合う勇気を持つことができました。

　20歳の頃、初めて性自認に関するカミングアウトを考えるようになりました。その一歩を踏み出す勇気が湧いたのは、私にとって一番親しい友人がいたからです。彼は私の本当の姿を理解し、受け入れてくれるだろうという確信がありました。

　しかし、それでもカミングアウトの瞬間には深い不安がつきまといました。友情を守りたいという思いと、長らく隠し続けてきた本当の自分をさらけ出すことへの恐怖心が入り混じりました。それでも友人に私の全てを知ってほしいという思いが勝り、勇気を振り絞ってカミングアウトを決断しました。

　友人に言葉を伝えるまでは時間がかかりましたが、友人の受け入れの言葉は私にとっては救いの瞬間でした。

　その後、二人で遅くまで語り合い、お互いの悩みを分かち合いました。

　私はずっと一人だと思い、孤独を感じていましたが、**この世界には、私と同じように悩む人がいる。そして、分かり合える友人がいるその安心感は、私の心を温かく包み込んでくれました。**

　この経験を通じて、私は次第に他の友人たちにもカミングアウトをするようになりました。

　私を受け入れてくれる友人のおかげで、自分自身をもっと深く受け入れる

ことができるようになりました。

　その中で、自分との対話の時間を持ち、自分とは一体何者なのかに向き合いました。本やインターネットを通じて情報を収集し、以前は性同一性障害という現実から目を背けていましたが、徐々に自分が性同一性障害であることを確信するようになりました。

　この事実を受け入れることができ、どのように治療を進めていき、将来をどう生きていくかについて少しずつ見通しが立ってきました。

先生の言葉で心が崩壊する

　周囲の理解が増し、自己肯定感が芽生える中、私は先生に呼び出されることとなりました。先生の部屋に入ると、先生はパソコンに向かいながら、私の顔を見ずに
「お前、どういうつもりや？」と口にしました。

　最初はその言葉の意味が理解できず、戸惑いを感じました。そして、先生が
「ここは宝塚じゃない」
と告げた瞬間、何が問題なのかが鮮明になりました。
　さらに続けて
「お前は男役を演じているだけだ。女性として生まれたなら女性として生きるべきだ」
の言葉が飛び出し、先生は初めてパソコンから目を離し、私の顔を見つめ言葉を続けました。
「お前みたいな人間は社会に出ても通用しない。お前みたいな人間だれが信用するんや」
と、私の21年間の人生が一瞬で否定されたような気がしました。

　自分の価値の無さを突きつけられているようでした。
「親を悲しませて、心配をかけて、お前は何をしたいんや。」

と、さらなる言葉が放たれました。その瞬間、心の中では

『ただ自分らしく生きたいだけや！』

と反抗心が湧き上がり、怒りが沸き起こりました。

「俺にも娘がいる。その娘がお前みたいな生き方をしていたら、絶対に許さない」

と、私の生き方が許されないものなのか、存在自体が受け入れられないものなのか、深い悲しみが胸に迫り、怒りの感情さえも呑み込まれていきました。

「もし、お前の就職先の社長が俺やったら、お前みたいな人間は採用しない。ここは女子ソフトボール部や。だから、これから女性として生きていくなら、ここに居てもいい。でもそうじゃないのなら、ここにいる理由はない」

その言葉が、私の心を深くえぐりました。

先生を尊敬していただけに、こんな言葉を聞くことなど想像もしていませんでした。ソフトボールは、自分を偽らずに打ち込めたものであり、自分を表現できる唯一の場でした。

しかし、その時間が急に苦痛に変わり、クラブを辞めることも考えました。

ですがクラブを辞めるには、親に自身の抱えている悩みをカミングアウトしなければならないと考え、カミングアウトをすることと、クラブを続けることを天秤にかけたとき、ソフトボールを続ける選択をしました。

しかし、クラブに行くたびに孤立感が増し、楽しかったソフトボールが楽しめなくなり、人と関わることさえも怖くなりました。

明日が来ることへの恐怖に襲われる

孤立感が増し、人と関わることへの恐怖から、クラブへ行くことができなくなり、学校へ行くこともできなくなりました。

自分の部屋から出ることもできず、クラブにも学校にも行けない状況になり、自分が弱い人間だと感じ、引きこもっていることに対する罪悪感や嫌悪

感が募りました。

　私は誰からも必要とされていない存在であり、生きる価値もない人間だという考えが、自己肯定感をどんどんと下げていくことになりました。

　このような状態で、家族に自分の本当の気持ちをカミングアウトすることはできず、自分の殻に閉じこもってしまいました。自分の内に秘めた感情を打ち明けたいとは思うものの、それが受け入れられず、否定されるかもしれないという不安が常に心の奥底にあり、誰にも助けを求めることができませんでした。

　この状況に置かれたとき、心の中で感じた葛藤と孤独感は非常に辛く、自分は誰にも必要とされていない存在なのではないかという思いが徐々に心を貪り始めました。自分がいることで家族に迷惑をかけているのではないか、という思いから、自分を否定し続け、自分自身を傷つけていました。

　そして、自分の感情も理解できなくなり、明日を生きること、将来を考えるだけでも怖さを感じるようになりました。

　今の苦しみから解放される方法として、死ぬことを考えるようになりました。しかし、自殺することはできないと思っていました。両親がそれに耐えられないかもしれないという思いがありました。同時にそれを考えることもありました。そのため、両親が少しでも早く立ち直れる方法はないかと考え始め、そのときに頭に浮かんだのは、事故に巻き込まれることでした。夜中に、トラックの多い道路を原付バイクで走り、事故に遭うことでこの苦しみから解放されると思いました。

　夜中にトラックの多い道に出てトラックに巻き込まれそうになった瞬間、私の大切な人たちの顔が走馬灯のように出てきて、その瞬間にどこからか

　「今回は死んではいけない」

　という声が聞こえるような感覚がありました。その言葉が心に届いたとき、自分が前世において途中で命を諦めてしまったのかもしれないという考えが浮かびました。

　それから、この命を全うしようという思いが湧き上がり、死ぬことを思いとどまりますが、それでは心の負担が軽くなるわけではなく、苦しい日々が続きました。

　この苦しみを乗り越え、本当の自分を受け入れるために、私は一歩を踏み出す覚悟を決め、その中で、初めて家族にカミングアウトしようと決意しました。

愛によって見えたもの
「生きていていいんだ…」

　明日が見えなくて、明日を生きるのが怖いという思いから、毎日時間がただ過ぎていく中で、私の心は限界に近づいていました。そんな中、家族に自分の気持ちを伝える決意をしましたが、すぐに親に話す勇気は持てませんでした。家族にカミングアウトすることは、友達に話すのとは比べものにならないほどの恐怖心がありました。家族だからこそ、カミングアウトしづらいということもあります。

　なぜならば、カミングアウトがうまくいかず、家族に見放されるかもしれないという恐怖心がありました。それに加えて、これまで女の子として育ててきてくれた両親や、妹として接してきた姉・兄との関係性、周りに自分を隠し続け嘘をついてきた罪悪感が心に強くありました。

　両親の辛そうな顔を見るのは避けたいのに、その感情を自分が引き起こしてしまうことも感じていました。このような葛藤が入り混じっているこの感情を言葉にすることが難しいと感じていました。

　特に母親に対する思いがありました。母親が「男の子」として産んであげられなかったことに対する罪悪感を感じるのではないか、母親が自分を責めるのではないかという不安もありました。

　そのため、中学生、高校生、大学生の頃、母親と姉から
「もしかしてトモは、性同一性障害なんじゃないの？」
と問われた際には
「違う」
と答えてしまい、嘘をついたことで、さらにカミングアウトがしづらくなってしまっていましたが、カミングアウトをする決意を固めました。

　一番先に伝えようと思ったのは、両親ではなく兄でした。私は幼少期から、兄に男性器を取られたと思い込んでいたことから、どこかで兄に対して羨ましさと苛立ちを抱えていました。

　いつも『お兄ちゃん』と呼ぶことができずに、『お前』と呼んでいました。そのことで口論になることも多かったのですが、そのときばかりは
「お兄ちゃん、話を聞いてほしい」
と頼んだところ、兄は何か深刻なことがあると感じ、私の話を聞いてくれました。

　兄は私が学校に行けていないことを知りませんでしたが、私の言葉を丁寧に聞きながら、大粒の涙を流し、声を震わせながら泣いていました。そして震えた声で、
「ごめんな……」
「ごめんな……」
「俺、お前のこと傷つけてた。女の子らしい格好した方がいいって……」
「もっと女らしくしろとかって言って、何も気づかずに、お前のこと傷つけてた……」
「ほんまに……ごめん……」
と兄は嗚咽しながら、私を傷つけてしまったことに対する謝罪をしていました。

　そして、兄は
「これから、お前のことを傷つける人がいたら、俺が全力で守ったる」
「お前のことを親が反対して、認めてくれへんかったら、俺が全力で味方になったる」
「だから大丈夫や！安心しい！」
と力強く言ってくれ、2人で声をあげながら泣きました。

　その後、姉にもカミングアウトをし、姉からはこう言われました。
「トモ、今まで一人で辛かったな。苦しかったな……」
「よく一人で頑張ってきたな」
「何があっても、トモの味方やし、しんどくなったらいつでも、話聞くから

……」

「一人で抱え込まんでいいで……」

と優しくそして力強く伝えてくれました。

「どんなトモでも、トモはトモやから、妹でも弟でもそんなん関係ない」

「トモと兄弟で良かった。兄弟として生まれて来てくれてありがとう」

と姉の言葉に涙が止まりませんでした。

兄と姉からの言葉は、私にとって

『生きていていいんだ』

と感じる瞬間でした。

本当に嬉しくて、カミングアウトしてよかったと心から思いました。

そして、自分自身が兄弟にこんなにも愛情をもらっているんだということに気づいた瞬間でもありました。

時に言葉は人を傷つけてしまうこともありますが、言葉によって救われることもあると、強く感じた場面でした。

家族の愛を知って、愛の温もりを感じた日

家族の理解とサポートがあったおかげで、私は親に対するカミングアウトに覚悟を決めることができました。カミングアウトをすることで、家族の優しさと受け入れの姿勢が、私の心に大きな安心感と感謝の気持ちを生みました。

母親は

「気づいていた。でも何度か聞いたときに違うと言っていたし、トモから言ってくれるのをずっと待っていた。いつ言われても、私が命懸けて産んだ私の子なんやから、何があっても大切な子どもに変わりはないから、受け入れる覚悟はしていたし、何があっても、愛している私の子どもやからな」

と、母親は私を受け入れる覚悟が固まっていて、母親としての強い愛情に触れて、私は自分が受け入れられていること、愛されていることを心から感じることができました。

　一方、父親は最初から私の気持ちを理解するのは難しいと感じていました。私がソフトボールをするために髪の毛が短く、男の子に見えるような環境にいるため、私の気持ちは勘違いだと考えていました。むしろ勘違いであって欲しいという願いが強かったように感じます。

　何度も話し合い、私の気持ちは勘違いではないことを理解してもらうために、父親と向き合いました。

　「男になりたいのではなく、男に戻りたい」

　という違いを伝えたとき、父親はその違いを理解し、私の生き方を受け入れる覚悟を決め、私の生き方に寄り添ってくれることになりました。

　父親の覚悟が決まった後、両親は私が男として生きることを親戚に伝えに行ってくれました。

　「これからトモは、女性としてではなく男性として生きていきます。もしそれが受け入れられないのであれば、親戚との付き合いはしてくれなくていい。でも、受け入れてくれるのであれば、どうか幸せを願って見守ってあげてほしい」

　と、親戚の家へ一軒一軒挨拶に行ってくれました。

　その時期に、母親は周囲からの傷つく言葉や子育てに関する批判を受けて落ち込んでいました。それでも母親は私の幸せを最優先に考え、私の前ではいつも笑顔でいました。家族の支えがあったからこそ、いまの幸せがあるのです。それは病気でもわがままでもなく、育て方を間違えたわけでも、恥ずかしいことでもありません。

　家族の理解と受け入れは、自分自身を受け入れるために必要なものでした。家族の愛情とサポートに心から感謝しています。

　カミングアウトが家族に与える影響や、自分が家族に受け入れてもらえるかどうかという不安がありましたが、勇気を出して伝えたことによって、家族が受け入れてくれたこと、受け入れの言葉が私の心を救ってくれました。

　カミングアウトは容易ではない道かもしれませんが、本当の自分を受け入

れてもらえることで、幸せが広がります。そして、家族との絆がより深まり、共に歩む未来に希望が広がるのではないでしょうか。

　もし、あなたの部下に、同僚にカミングアウトをされたときに、あなたはどのような心境になりますか？　どんな言葉をかけることができますか？

カラダとココロの痛みと喜び

　2010年から心療内科に通院し、性同一性障害の診断を受け、2011年からホルモン療法を始めました。2014年11月に乳房切除手術を受けることで、私は新たな一歩を踏み出しました。

　手術の当日、手術室に向かう足取りは軽く、手術をこれほど楽しみにしたことはありませんでした。手術が終わり、目が覚めた瞬間、激しい痛みがありました。しかし、その痛みは新しい人生のスタートの証であり、同時にこれまでの道のりとその変化を感じ取れる幸せでもありました。痛みは時間の経過とともに和らぎ消えるものですが、この痛みが私の未来への一歩であることを心に刻んでおきたかったのです。

　胸を取った後の生活は、Tシャツ一枚で過ごせる喜びや、心の軽さ、そして元の体に戻ってきたという喜びが生まれ、生きる希望になりました。

　2016年には、名前を朋代から智輝に変更し、より自分らしさを確立させました。しかし、日本の法律においては、戸籍上の性別を変更するには厳格な条件がありました。それには「生殖腺がないこと又は生殖腺の機能を永続的に欠く状態にあること」「二人以上の医師により、性同一性障害であることが診断されていること」などが含まれています。

　このため、性別適合手術の一環として、2018年10月に子宮と卵巣を全摘出する手術を受けることを決断しました。胸の手術とは異なり、この手術は精神的にも非常に困難で、外見的な変化が少ないため、その辛さは特に強烈でした。誰かに下半身を見られるという辱めにも直面しました。

　こうして、戸籍変更のための手術を終え、戸籍変更の手続きをするために、

家庭裁判所へ行き裁判官との面談ののち裁判所から許可を得て、戸籍変更することができました。手術費用は実費で、ホルモン注射や性別適応手術費など、合計で 300 万を超える負担がありました。

　治療や手術をし、本来の自分自身の体に近づくことで、不一致感や違和感が軽減されましたが、心のうちではまだ葛藤がありました。外見や身分証明書の変更は大切な一歩でしたが、時には他人の目を気にし、自分自身のあり方を見失うことがありましたが、そこから抜け出し、本当の自分を見つめなおすことができたのが、ある人との出会いでした。

全ての過去が輝きに変わる

　2018 年の 5 月、私は中村文昭氏の講演会に参加しました。その瞬間から私の人生は大きく変わり始めました。中村文昭氏は有限会社クロフネカンパニーの代表取締役社長であり、年間 300 回もの講演を行い、全国を飛び回り、人を喜ばすことの大切さを伝えている、日本一の講演家として知られています。

　初めて文昭さんの講演を聞いた瞬間、私はその魅力に圧倒されました。文昭さんは講演しながら輝いていて、こんなにも楽しそうに語る大人がいることに驚きました。

　その場にいる時間があっという間に感じられ、文昭さんの言葉からは、話を聞いている私の心を包み込む優しさと、甘えて現実から目を逸らしている私にハッとさせてくれる厳しさがあり、文昭さんの話は心の奥深くに届き、私の背中を押してくれるようでした。

　その講演会で『今の自分をそのまま受け入れたら、大丈夫！　自分を信じろ！』というような想いやメッセージを強く感じ、常識に縛られず、自分を信じて行動することが大切だと、自分自身の魂が震えた時間でした。

　特に文昭さんが修行時代から大切に実践してきた
・頼まれごとは試されごと

・返事は0.2秒
・できない理由を言わない
・今できることをする
という4つの鉄板ルールは、私にとっての宝物となりました。

この4つの鉄板ルールを素直に実践することで、自分自身の成長につながりました。
人に喜んでもらう経験を通じて
『ありがとう』
という言葉をよく耳にするようになりました。人に喜んでもらえることが、自己肯定感を高め、やる気を引き出す要因だということに気づきました。
そして、この変化が私自身の人生に大きな影響を与えてくれました。社会的に男性として生きられるようになったにも関わらず、自己肯定感が低く、後ろめたさを感じながら生きていた私にとって、文昭さんの言葉ひとつひとつが心に希望をもたらしてくれたのです。

私の人生に光をくれる文昭さんに、本当の自分自身を知ってもらいたいという思いが強くなり、文昭さんに自身のことを打ち明けました。
そのときに文昭さんからもらった言葉が私の原動力になりました。
「ずっと辛い辛いと、その悩みを増幅させて生きるよりも、見方、捉え方を変えたら、同じように悩んでいる若い子の力になることができるんじゃないか？　今悩んでいる子に希望を届けられるんじゃないか？」
と言ってもらい、僕自身のその悩みが、無駄なことでもなく、むしろその経験をしてきたからこそ、人に勇気や希望を与えられるんだと、僕の心が躍るような感覚になりました。

そして続けて
「お前の一番辛かった悩みが、一番命輝く希望になるんや」
と心が震える後押しをしてもらい
「だからそのことを武器に、お前がそのことをさらけ出すことで、命救われ

る人がいる。人のお役に立てることができるんや」

　と教えてもらったときに、私は講演家となり、このことをさらけ出していくことで、いま生きづらさを感じている人の、希望になりたい。という心境の変化が芽生え、講演家としての道を歩むことを決意するものとなりました。

　人との出会いを通して、思いもよらない人生のスタートとなりました。中村文昭氏の存在と教えは、私に新しい視点と可能性を広げ、希望をもたらしました。これからもその教えを胸に、人のお役に立つ存在でありたいと願っています。

消したいトラウマを克服する

　皆さんには忘れたいほどの記憶はありますか？
　私には記憶を消したいと思うほどのトラウマがありました。
　それは、学生時代に大勢から一斉に無視されたときのことです。あまりに辛く、あの状況は記憶から消したいと思うほどのトラウマとなっていました。
　あのとき、皆が一斉に私を無視し、私の存在がまるで空気のように感じられ、冷たい視線と無感情な視線が怖く、その状況を思い出すだけでも、心臓の鼓動が激しくなり、のどが渇いて息苦しくなることがありました。

　その出来事以降、周囲の人からの視線を怖れ、人と話すことが怖くなってしまい、人との関わりを極力避け、コミュニケーションを取らないようにしました。でも、いまは大勢の前で話す講演家として活動しています。ここに至るまでの道のりは、出会いが私の人生を変えるきっかけとなり、人を通して自分自身を取り戻すことができました。人とのつながりの中で、自分を受け入れることの大切さに気づいたのです。そして、私は他の人と関わりたいという願望があったことに気づきました。

　自分と向き合う時間をつくり、自問自答し、一つひとつの問いに丁寧に答えることを大切にしました。そうすることで、過去の感情や、自分を傷つけたことを許すことができるようになりました。以前は他人の評価や社会の"正しさ"

に縛られ、自分自身を抑え込んでいました。今では、自分がどのように在りたいのかに焦点を合わせることができます。"正しい"という観点よりも"楽しい"という視点や捉え方に切り替えることができ、過去の辛い出来事や苦痛が単なる"不幸である"というネガティブな側面だけでなく、学びや成長のチャンスであることに気づけました。

　小学生時代のいじめや学生時代に経験した先生からの言葉、大勢からの無視など、傷ついた経験がたくさんありました。しかし、これらを単なる不幸として終わらせるのではなく、視点や捉え方を変えることが大切だと教えてもらい、過去に辛いと感じた出来事を感謝に変えることができるかもしれないという思いになりました。これまで、幸せは楽しいことや嬉しいことだけがもたらすものと考えていましたが、辛い出来事や悲しみを乗り越えた先にこそ、大きな幸せを、感じることができるのではないかと思います。

　過去の経験を通じてたくさんの学びを得て、成長することができました。過去の辛い出来事が、私の人生を豊かにする貴重な経験であるという感覚を持てたことは、私にとって、幸せな心を作る大切な視点となりました。

　講演家になることは、非常に覚悟が必要でした。その覚悟を固めるために、まず自分自身を受け入れ、そして勇気を出し、一歩ではなく二歩前に踏み出したのです。
　二歩踏み出すことで、過去に縛られたり引き戻されたりする後ろ足と過去のつながりを完全に断つことができるのです。後ろ足は過去につながっているため、一歩踏み出しただけでは過去とのつながりが完全には断ち切れないことがあります。だから、二歩踏み出すことが重要なのだと、文昭さんから教えてもらいました。勇気をもって踏み出す際には、思い切って勢いよく、これからも二歩踏み出そうと思います。

1ミリも思い描かなかった夢にも思わない人生

　講演家になりたいとも思ったことのなかった私が、今思いもよらない人生を歩んでいます。まさに夢にも思わない人生です。

　講演家としての道を歩み始め、たくさんの人と出会う機会が増えました。人との出会いを通して、自分自身を深く知ることができるようになりました。この過程で、過去の辛い出来事が自分の成長に必要不可欠であったこと、そしてその経験が他の誰かのお役に立つことができると強く感じられたとき、この人生を生きてきてよかったと、感謝の気持ちが溢れ出てきました。

　2023年2月、感謝の気持ちが溢れ出し、大学の先生に会いに行きました。先生に感謝の気持ちをどうしても伝えたかったのです。

　当時、先生の厳しい言葉に傷ついたと思い込んでいましたが、あの経験が私に人の痛みに寄り添う力を与え、悲しみに共感し、優しい言葉を投げかける力を育んだことに気づきました。

　傷ついたことばかりにフォーカスするのではなく、あの経験のおかげで成長できた自分自身の強みにフォーカスできたときに、なくてはならない経験をさせてもらえたこと、そして捉え方や考え方の幅を広げてくれた人たちとの出会いがあったからだと、あの経験が今の私にとってどれだけ貴重なものであるかを再確認しました。

　捉え方を変えることで、問題や悩みに対する見方が根本的に変わりました。

　辛い、しんどい、苦しいではなく、これを乗り越えた先にどんな未来が待っているのか、楽しみでたまりません。こうしてたくさんのことに気づけるようになったのは、家族や友人、そして応援してくれた人たちの存在が、私の人生に光をくれました。

　両親や師匠、友達への感謝は言葉では言い尽くせません。この性別で生まれたことが、ダメなことだと、幼少期から思い、自分を責め、好きになれませんでしたが、たくさんの経験をし、たくさんの方と出会い、自分自身の強みや、私にしかできないことがあることに気づき、今講演家としてできることをさせてもらえていて、心の底から幸せだと思えるようになりました。

今はこの性別で生まれたことがよかったと思います。もう一度生まれ変わっても、この性別で生まれたい。そう思えるようになりました。

THEME 03 　生きる喜び「今幸せですか？」

　みなさんは今、日本で暮らしていて幸せを感じていますか？

　私自身、今まさに幸せを感じています。

　ただ数年前は、このような幸福を感じることはありませんでした。日本は豊かで、たくさんの幸福に恵まれています。しかし、驚くべきことに、それらを受け入れることが難しい人たちも多いのです。過去の私もその中の一人でした。

　かつては、何か特別なことがない限り、幸福を感じることができませんでした。物質的なものに執着し、手に入らないものにばかり目を向けて、いまの幸せは当たり前のことと思って、日常を過ごしていました。でも、実は私たちは、あり余るほどの「あるもの」に恵まれていますが、それに気づかず、私は感謝を忘れていました。

　今、幸福を感じ、当たり前でないことに気づくことができたのは、人との出会いによって、物事の捉え方が変わったからです。出会いを通じて、広い視野で物事を見ることの大切さを知ったのです。

　日本の幸福度ランキングは、2022 年において 57 位でした。この低さには社会的自由度や寛容の低さなどが影響しています。この幸福度ランキングの低さと比例して、障害者差別、ジェンダー問題、不登校といった多くの社会課題が浮き彫りになっています。

　一方フィンランドは 5 年連続で幸福度ランキング 1 位を維持しています。その背後には長年にわたるジェンダー問題への取り組みがあります。1980年代からの歴史的な取り組みがあり、1995 年には平等法が施行されました。憲法や行動計画においても、ジェンダー平等が促進されるべきであるとの明確な指針が示されています。

フィンランドは平等と差別の問題に真摯に向き合い、男女平等やジェンダー問題に取り組むことで、社会全体で違いを尊重し、自己肯定感の高い人たちが自分らしく生きることができる社会を築いています。こうした取り組みが、幸福度の高さと関係があるのではないかと考えています。

　特に日本の若者において、自己肯定感の低さは課題となっています。この自己肯定感の低さは、将来の仕事や人生に対しても大きな影響を及ぼす可能性があり、この状況に対して危機感を抱いている人も多いのではないでしょうか。

　このような現状を踏まえて、日本の幸福度を向上させるためには、異なる価値観や個性を尊重し、一人ひとりが自分自身を幸せに感じる心を育み、自己肯定感を高めることが、重要だと考えています。

多様性の本質、一人ひとりの個性が紡ぐ社会

　みなさん、LGBTQ＋という言葉を聞いたことがありますか？

　これらは以下の言葉の頭文字を取ったものです。

L（レズビアン）

G（ゲイ）

B（バイセクシャル）

T（トランスジェンダー）

Q（クィア・クエスチョニング）

　性的指向やジェンダーに関連する言葉は、現代社会ではよく耳にするものとなりました。しかし、その認知度の向上が進んでいるにもかかわらず、まだまだ理解の向上には課題が残っており、それに伴う差別や偏見といった問題がいまだに存在しているのが現実です。

　私自身、一般的な枠組みから見ればLGBTQ＋にカテゴライズされる存在です。

　しかしながら、私はこの特定の枠組みに当てはめられることへの違和感を感じています。

多様な性のあり方についての考え方や価値観には個人差があるというのも共通認識として併せ持つ必要があると考えますが、私は、特定の枠組みに当てはめる必要はないと思っています。

なぜならば、近年では多様性が重要視されていますが、単にカテゴライズし特別な配慮をするだけが、多様性を受け入れることの全てではないと思うからです。もちろん、人を傷つける言葉や態度は避けるべきであり、相手の感情を尊重する配慮は大切です。

しかし、セクシャルマイノリティの人を特別視することが、逆に過度な判断や偏見を引き起こす可能性も考慮する必要があります。だからこそ、性別や他の属性に関わらず、目の前の相手を、その人自身として受け入れ、理解することが大切なのです。

私が大切にしているのは、一人ひとりが自分らしくあり続けることです。その中で、自分と相手の幸せや笑顔に触れることを大切にしています。

人間関係を築く際には、相手の本当の姿を見ることが重要です。興味・関心を持って話し、目の前の人が笑顔や喜びであふれていたとき、自分の喜びでもあるかのように感じられるのではないでしょうか。だからこそ人を大切にしたくなる。その気持ちが、違いを受け入れ、個性を尊重する土台となるのではないでしょうか。

特定のカテゴリーにとらわれず、人としての共通点や個性を大切にして、お互いの違いを学び合い、認め合うことが、本当に豊かな社会を築く道だと私は信じています。

お互いを理解し合い、受け入れ合うことが豊かな社会を築く礎になるのではないでしょうか。

自分らしく堂々と生きていい

実際には、私たちの身の回りにも、性別に違和感を感じていたり、セクシャリティに悩む人が、私たちが想像する以上に存在している可能性があります

が、カミングアウトに対して難しさを抱えている人たちが多くいるのが現状です。

　カミングアウトをする必要性を感じていない場合もありますが、カミングアウトが難しい環境にいるか、差別や偏見、いじめの経験を抱えているため自分自身を隠している人も少なくありません。そのため、周囲にはいないという結果につながっているのではないでしょうか。

　もし、あなたが気づかず、または誰にも打ち明けられずに悩みを抱えている人に出会った場合、どのように声をかければ良いのか。どのように関わればその人の心に寄り添うことができるのか。それは大切な問いになるのではないでしょうか。

　相手の気持ちや悩みを受け入れ、その人のことを知るために、話を聞くことで、安心して相手が自分を打ち明ける勇気を持てるかもしれません。

　ただし、相手の言葉を無理に引き出そうとしたり、カミングアウトを促すのではなく、その人自身のペースで気持ちや悩みを受け入れ、話を聞くことが大切です。

　自分自身を隠して一人で悩みを抱えずに、自分らしく堂々と優しい社会づくりにするためには、私たちが日常の中で『知る』ということに意識を向けることが大切です。

知っているあなたの存在が救いになる

　人生において大切なものは？と問われると人それぞれ異なる答えを持っていると思います。そこで、皆さんはどんなことを最も重視していますか？

　私は『人を喜ばせる行動をする』という考えを大切にしています。

　そのためには、相手のことをよく知ることが必要不可欠です。人それぞれの喜びや感動は異なるため、相手の趣味や関心、夢や願望を知ることが、良好な関係を築く礎となるのです。

　この『知る』という行動は、愛と共感を育み、深いつながりを生み出します。他人との比較にとらわれず、自分の内なる声に耳を傾け、自己肯定感を持ち

ながら、自分らしさを大切にすることで、豊かな人生を歩むことができるのではないでしょうか。

　相手を知ることで、相手が喜ぶ行動を考えることにより、選択肢が広がり、新たな視点や価値観が見えてくるのです。

　また、他人との比較をすることなく、お互いの違いを認め合うことが大切です。さまざまな固定概念や思い込みを超えて、自分自身を大切にし、他人との比較に縛られることなく、本来の自分自身であり続けることが大切です。

　ただ知識を得るだけではなく、相手を深く知ることで、相手の価値観や考え方、喜びや悩み、夢や願望を理解することで、より深いつながりが生まれます。

　人が抱える感情や思いは、表面的な情報だけでは理解しきれないものです。だからこそ、じっくりと向き合い、相手の心情や、言葉の裏に隠された想いに触れることが大切です。

　この『知る』という行動は、ただ情報を得るだけではなく、相手の内面に触れることでもあるのかもしれません。

　私たちは異なる背景や経験、価値観を持ち合わせており、その違いが豊かな社会を形作っています。

　しかしながら、偏見や固定観念によって、他人との違いを誤解してしまうことがあります。他人の価値観や考え方に「普通はこうあるべき」という視点や「常識」にとらわれることは、視野を狭め、多様性の受け入れを妨げることになります。

　お互いの違いを学び合い、受け入れることは、お互いの成長につながります。そのためには、相手の背景や経験、視点や思いを理解し合うことが重要です。

　過去や未来への希望、人生における喜びや辛い経験、全てを通じて相手の本当の姿を知り、いまを大切にすることが、関係を深めるものとなるのです。知っているあなたの存在がいるだけで、ときには命が救われることもあるのです。

カミングアウトの背後にある勇気と苦悩

　厚生労働省の「職場におけるダイバーシティ推進事業報告書」が示すところによれば、職場内でセクシャルマイノリティであることをカミングアウトしている割合は、ゲイ・レズビアン・バイセクシャルでは 7.9%、トランスジェンダーでは 15.8% となっています。

　しかし、この数字が示すように、残りの 8 割の LGBTQ＋の当事者は職場においてカミングアウトしていない実情が浮き彫りになっています。

　カミングアウトが難しい理由について、実例を通して考えてみましょう。

　Ａさん自身が同性愛者であることをカミングアウトした場合、そのＡさんの上司や同僚は自身の思い込みにより無意識的にＡさんを傷つけてしまうことがあります。

　たとえば、「なぜそうなったのか理解できない」といった感情や、「自分たちも性の対象で見られているのではないか」といった不安が生じることがあります。

　こうした状況により、Ａさんは自分自身を隠すことを選び、カミングアウトしたことを後悔し、職場環境が健全でないと感じるようになり、結果的に自主的に退職を決意することになりました。

　この実例は、カミングアウトが難しい理由の一例です。職場環境における受け入れ態勢の不足や理解の不足が、カミングアウトを困難にする要因となることがあります。また、自分の意志とは無関係に、他人によってカミングアウトされてしまうケースも存在します。

　ある会社で働くBさんはトランスジェンダーであり、自身のタイミングでカミングアウトしたいと考えていました。

　しかし、ある日、会社のイベントでBさんの意向とは無関係に、他の人が勝手にBさんの性的指向を公にしたことで、Bさんの周囲の関係性が乱れる事態が発生しました。

　他人からのカミングアウトにより、自分の思いを正しく伝えることが困難な状況に追い込まれ、同僚たちも本人から聞いたわけではないため、どう接していいのか戸惑いました。

　自分のタイミングで大切なことを伝えたかったBさんにとっては、他人からのカミングアウトは思いもよらぬ形で事態を複雑にしてしまったのです。

　こうした実例を通して、LGBTQ＋の人がカミングアウトを選ぶことが難しい理由が多くあることがお分かりいただけたと思います。カミングアウトは、その人が自分らしく生きるための一歩です。

　カミングアウトのタイミングはその人自身が決めることであり、他人が勝手に決めつけたり、判断することではありません。また、カミングアウトは、他の人が本人の許可なく勝手にカミングアウトをしないようにすることも重要です。

　カミングアウトをされたときには、温かく受け入れる言葉をかけることで、その一言が、勇気や希望を与えることになるかもしれません。

　カミングアウトすることによって、新たなつながりが生まれ、自分を自由に表現できる喜びを感じることができます。しかし、カミングアウトをすることが全てではありません。自分自身を認め、愛し、受け入れることが大切です。

笑顔が生まれる優しい社会
「個性が輝き、職場が輝く」

　職場における悩みは、誰もが一度は経験したことがあるのではないでしょうか。

　ただし、その中には、セクシャルマイノリティが直面する他にはない悩みが存在します。

　性自認や性表現に合った服装や制服が選びづらいこと、差別や偏見の影響が少ない理解ある職場を見つけることの難しさ、カミングアウト後の居心地の悪さや退職を促される経験など、実際に私が直面した問題です。

　近年、企業はセクシャルマイノリティに対する理解と配慮を大切にし、その取り組みを進めています。

　職場においても、あなたの周りには、大切な同僚や仲間が内に秘めた悩みを抱えている可能性は十分に考えられます。そして、これはLGBTQ＋に限らず、誰もが人生の中で経験する感情です。そのようなとき、私たちができることは、ただ寄り添い、思いやりを持って接することです。

　相手の立場に立ち、その人が抱える感情や想いを理解し、受け止め些細なことでも安心して話せる環境を作ることで、心が解放されます。

　お互いに心を開き多様な存在を受け入れることで、職場全体の雰囲気がより温かく、個々の才能が生かされる職場になるでしょう。そのためには、多様性の本質を知り、異なるバックグラウンドや経験を持つ仲間たちのストーリーに耳を傾け、互いに学び合い、認め合い、成長する機会をつくることで、一人ひとりが安心して自分らしく働ける環境が築かれ、個々の強みが輝く職場になるのではないでしょうか。

多様な視点、一つの世界

　職場が自己表現を安心して行える場となるためには、個々のメンバーの異なるバックグラウンドや価値観や考え方を大切にすることが必要です。個々の違いを尊重し合い、お互いに学びながら認め合うことで深い信頼関係が築かれます。

　時には、特別な配慮が求められる場面もありますが、過度な気遣いは逆効果になることもあります。むしろ、自然な形で相手を受け入れる姿勢を持ち、相手の個性を認めることが、それぞれの魅力を引き立てます。

　たとえば、恋人の有無を尋ねる際に、性別にとらわれず『パートナー』という言葉は配慮されている一方で、本質的な配慮とは少し違うような気がしているのです。

　仮に私に対して「彼女いる？」と聞いたと仮定して
「彼女はいないけど、彼氏がいます」
　と言われたとき、その答えに驚くこと、拒否反応を起こすのではなく、興味を持って、その事実を受け入れることが大切です。その人とどこで出会ったのか、どのくらい付き合っているのか、興味・関心を持つことで、より豊かな対話がうまれるのではないでしょうか。

　「パートナー」という言葉を使うから、配慮しているのではなく、その人の背景や関係性に興味・関心を持つことで、相手を心から受け入れることができます。見た目だけでなく、内面の多様性を尊重することこそが、本当の多様性を生み出すのではないでしょうか。

　自己表現は職場だけでなく、どんな場面でも勇気が必要です。自己表現の一歩を踏み出す人に対して、傷つける言葉や偏見でなく、理解と共感の心を持つことが大切です。自分らしく生きようとする人を傷つけるような言葉や態度を取る権利は、誰にもありません。もし自分が何かを伝える勇気を持った場合、相手から感じる言葉や反応がどれほどの意味を持つか想像できると思います。

相手の理解や共感が伝われば、あなたの勇気が報われたと感じることでしょう。相手の理解を得ることは、お互いの関係を深め、職場環境をより温かく、自己表現が安心して行えるものになるでしょう。

アンコンシャスバイアス、誰もが持っている無意識の思い込み

無意識の思い込みというものが存在します。アンコンシャスバイアスと言います。これは誰もが持っているもので、これに気づくことが重要です。以下に一例を挙げてみましょう。

ストーリー：医者と息子の関係性

> ある日、交通事故が発生しました。運転していた父親は即死。
> 同乗していた息子は頭を強打し、意識不明の重体。
> 男の子はすぐに病院に運ばれ、担当医の判断ですぐに脳切開手術をすることになりました。
> 幸い、その病院には脳神経外科医として、世界的にも有名な医者がおり、その外科医が執刀することに。
> しかし、手術室で患者を見てその外科医は言いました。
> 「…私の息子だから、…私には手術できない。」
> この脳神経外科医と息子はどのような関係性でしょうか？

このような話を聞いたとき、どのような考えが浮かびましたか？

みなさんは外科医と息子の関係がどういうものだと考えましたか。脳神経外科医と息子の関係性は実は、母親であることです。

『外科医と息子』という表現から、多くの人が『男性外科医は息子の血のつながった父親である』と連想する傾向がありますが、この点が多くの人々に混乱を引き起こす要因となります。

このような混乱が生じるのは、私たちの無意識のバイアスが関与しています。外科医という職業は、一般的には男性と関連付けられる傾向があるため、世界的にも有名な医師という情報が加わると、無意識的に男性のイメージが

強化される可能性が高くなります。このような思い込みや捉え方は、私たちが自覚していない無意識の中で起こっているものです。

　私たちは日常生活でさまざまな状況に遭遇し、それに基づいて無意識の中で判断や思い込みを行っています。これがアンコンシャスバイアスと呼ばれるものです。

　外部からの情報や過去の経験によって、物事を判断する傾向があるため、正確な情報がなくても、無意識的に予想通りの結論に至ることがあります。

　アンコンシャスバイアスを持っていること自体は悪いことではありませんが、無意識の思い込みにより、それを人に押し付けたり決めつけたりすることがハラスメントを引き起こす可能性があるため、こうしたバイアスが存在することを知ることは重要です。

　自分がアンコンシャスバイアスを持っていること、そして他人も同じようにアンコンシャスバイアスを持っている可能性があることを理解し、自分の先入観に注意し、相手の言葉に耳を傾け、新しい視点を取り入れながら、自分自身の無意識の思い込みに気づくことが大切です。

笑顔と幸せをもたらす、人生の本質

　〈学歴至上主義〉から〈個性重視〉へと、時代は変化しています。

　個々の個性が尊重される今の時代において、一人ひとりの輝きや才能を仕事に活かすことが求められています。

　しかし、**時代が変わっても変わらない**大切なものがあります。それは、仕事の本質が『**人を喜ばせる**』『**人を笑顔**』にすることではないでしょうか。

　これは、私たちの内なる本能の一部であり、人を幸せにする使命を感じるのは、人間としての特質なのかもしれません。特に日本人の心に深く根付いている価値観かもしれません。

　かつては〈普通〉や〈平凡〉とされていた時代には、上司の指示に従い、組織の一員として同じように働くことが評価される場面が多かったでしょ

う。

　しかし、現在は自分自身を大切にし、個性を自由に表現することが求められています。私たちは、自分の個性や強みを活かして、自分らしさを発揮し、新たな価値を提供しながら仕事に取り組むことが求められています。

　その中で、**大切なのは、『人に喜んでもらう』**ことです。これは仕事の根本的な目的であり、私たちの存在意義でもあります。

　同時に『**何のために**』この仕事をするのかということに向き合い、『何のために』を明確にすることも重要です。**自分の行動が目の前の人を喜ばせているか相手や仕事に情熱をもたらしているかを感じられると、その行動や思いは仕事への誇りとなるのではないでしょうか。**

　自分の存在意義を見つめ直し、その目的を通じて『人を喜ばせるために』『笑顔になってもらうために』喜びや感動をもたらしていく使命を果たしていきたいものです。

　個性や独自性が重視される現代においては、他人との違いを尊重することがますます必要です。私たちは異なるバックグラウンドや経験を持ち、それぞれが異なるスキルや視点を持っています。多様性が尊重され、個性が発揮できる環境は、組織や社会全体に豊かさを生み出します。

　ただし、多様性を尊重し活かすためには、コミュニケーションが不可欠です。率直な意見交換や、アイデア共有、そして、コミュニケーションを通じて信頼関係を築くことも重要です。

　多様性の尊重と、個性の活かし方は、組織や社会に利益をもたらすだけでなく、個人の充実感や成長にもつながります。

　こうした取り組みによって、働きやすく自分を表現しやすい環境が整い、一人ひとりが自身の個性を大切にしながら、『人を喜ばせる』仕事の環境を整えることで、個々の才能と強みが最大限に生かされ、組織全体がより成長する可能性が高まります。

みんな違ってそれ"が"いい

　私たちは、それぞれが異なる顔、異なる環境で育ち、違う人生を歩んできました。だからこそ、私たちの多様性は、宝物のような存在です。それぞれの個性が、私たちを豊かにし、多くの学びをもたらしてくれるのです。

　人との出会いは、新たな視点や価値観を知るチャンスでもありますし、異なる意見や考え方が交わるとき、私たちは自分の枠を超えて、新しい世界を見ることができるのです。

　職場においても、頭ごなしに判断するのではなく、相手の立場や心の奥にある思いを、理解することで解決策が生まれることもあります。

　『みんな違ってそれでいい』という言葉を耳にしたことがあるかもしれません。この言葉は、他人の違いを受け入れる大切さを伝えています。

　『みんな違ってそれがいい』
　という言葉は違いそのものが魅力であることを表現しています。

　「で」と「が」はたった一文字の違いですが、受け取る印象に違いがあるのではないでしょうか。

　『みんな違ってそれでいい』という言葉は、許容の範囲が広いような印象を与えます。しかし、『みんな違ってそれがいい』という言葉は、**違いそのものが魅力**であり、**それによって価値が生まれる**という視点を示してします。

　たとえば、花々がそれぞれ違った色や形を持っているように『みんな違ってそれでいい』という表現は、花々がそろって美しい景色を作り上げている様子を想像させます。一方で『みんな違ってそれがいい』という言葉は、各々の花が個別に美しさを持ち、その**多様性が魅力を引き立てている**ことを感じさせます。

　この微妙な違いが、私たちの日常の中で大切な意味があるように感じるのです。違いを尊重し、受け入れるだけではなく、その違いそのものが素晴らしい個性であり、その人自身の強みとなります。だからこそ、私たちは違い

を大切にし、その中から新たな学びや成長のチャンスを見出していくことができるのです。

愛と共感が広がり、社会に優しい風を

　LGBTQ＋という言葉が持つ意味や知識を理解することも大切ですが、その前にその人自身を見つめ、興味関心を持って、背後にあるストーリーや思いに耳を傾けることが、重要です。カテゴリーにフォーカスすることで、遠慮や気遣いが生まれるかもしれませんが、違いを受け入れ、その人の経験やストーリーを知ることが理解と共感のはじまりになるのではないでしょうか。

　『みんな違ってそれがいい』という言葉が示すように、違いそのものが魅力であり、個性を引き立てるものです。

　考え方や価値観の違いを受け入れ、お互いに学び合うことで、優しい社会が広がっていくと信じています。

　そのような未来にするために、一人ひとりの物語を知り、愛を持って違いを尊重していきたいです。

　一人ひとりの小さな変化が、大きな波となり、互いに違いを認め合える優しい社会にするために、知識だけではなく、人を喜ばせながら一人ひとりの存在が、光輝く未来になることを心から願っています。

　過去には、この性別に対して否定的な感情しか抱けなかった時期がありました。しかし、今では心から『この性別で生まれてよかった、もう一度この性別で生まれたい。』と感じること ができるようになりました。

　この性別に生まれたおかげで、素敵な人たちとの出会いやつながりを経て、人を喜ばせることの大切さに気づくことができました。これが私の人生に輝きと幸福をもたらしてくれているのです。

　この性別で生まれたからこそ、経験し得ることのなかった喜びや感動があります。私が感じたことや学んだことは、他の誰かにも笑顔や勇気を届ける力となるかもしれません。この気づきが、私の人生に輝きと幸福をもたらしてくれているのです。

　最後に、私ごとではありますが、この本が世に出る頃には、私は結婚していると思います。大好きになった女性との出会いがあり、婚約をしている最中にこの本の執筆をしています。彼女には小学6年生の息子がいます。周囲の人たちが私を受け入れてくれることはとてもありがたいことですが、特に息子は私を父親として受け入れてくれています。この事実からは、言葉では表せないほどの感謝と幸せを感じています。彼の受け入れは、私の期待を遥かに超え、疑いの余地なく、温かく迎え入れてくれました。そして「お父さん」と思っていること、「家族」と思っているという言葉をもらい、心が喜びで満たされました。その瞬間、幸せが心から溢れ出ました。

　彼の温かい笑顔や、心からの信頼は私の心を豊かにしてくれます。家族として、彼と彼女に対し、心からの愛情と尊敬を持って接していき、その積み重ねが、血のつながり以上の強い絆に結びつくことを信じています。家族としての新たな道のりが私の前に広がり、希望と期待に満ちた未来を想像すると、これからの人生が楽しみで仕方ありません。

　人との出会いを通して、私は思わぬ人生を歩ませてもらい、その中で幸せを感じています。これまでたくさんの人たちからの支えと応援に感謝しています。

　家族ができることで、自分の視野を広げ、たくさんの人に幸せを届けながら、笑顔に満ちた家族を築き上げ、誰かのお役に立つ存在として、希望に満ちた未来に向かって前向きに歩んでいきます。

　この本が誰かの心にも同じような温かく優しい心で愛が溢れることを祈っています。

第4章

ジェンダーを超えた
働き方が日本を変える
～著者3人のディスカッション～

鼎談：鎌倉美智子、
小岩広宣、寺田智輝

みっちゃん　第4章は基本的に3人の著者によるフリートーク形式で進めますが、まずは、自己紹介と、各章のポイントを1人ずつ話していきましょう！

3人の自己紹介と各章のポイント

 みっちゃん　第1章「ジェンダーフリーの採用定着」を執筆しました鎌倉美智子です。

　私は、採用定着士や社労士などの肩書で、中小企業の採用と定着に関する支援を専門とし、お仕事をしています。

　ありがたいことに、仕事が楽しく、楽しみながらも豊かな生活を送ることができており、ここまで導いてくださった方々には、感謝の気持ちでいっぱいです。

　昨今、少子化の影響で若手人材の採用が一段と困難になっています。でも、企業にとっては10年後、20年後を見据えて、若手人材の採用と定着が不可欠です。そうでないと、企業の平均年齢が上がってしまい、新しいアイデアや活力が失われる可能性があります。

　だからこそ、若手人材の採用と定着は特に重要です。採用したとしても早期離職は避けたいところです。若手人材は日本の未来、日本の宝です。

　彼らが最も活躍できる職場・職種を見つけ、会社と社員が相思相愛の関係を築けるような環境を作る。そうした採用定着支援を行いたいと考えています。

　第1章では、採用や定着のコツに加えて、波動の高い生き方・ジェンダーフリー・少子化問題・教育などにもふれています。特に伝えたかったことは「常識に囚われず、自分軸で、高い波動で生きることの大切さ」です。日本では、仕事もプライベートも「これが常識」「こうあるべき」「こうするのが普通」といった狭い価値観にしばられがちです。「常識の枠組み」から外れることを恐れ、行動や考えを制限してしまう人が多いように感じます。

　第1章の中で、自分のエピソードも書いていますが、私は「他人軸」で生きられなくなって、人生をリセットしています。「自分軸」や「魂の望み」、「内

なる声を聞くこと」ができるようになるまでは、しんどいと感じることもありましたが、今は、囚われから解放され、最高にワクワクした人生を生きています。

　採用定着だけでなく、「常識に囚われず、自分軸で、高い波動で生きることの大切さ」が裏テーマにあるので、そんなところも楽しんでお読みいただけるとうれしいです。

　また、日本の未来が明るく感じられない原因のひとつに手の打ちようがない程、悪化した少子化があると思っているのですが、少子化についても「家族の形」や「夫婦の形」、「愛」についてなど、深く突っ込んで書かせていただいたので、そのあたりも裏の裏のテーマとして、少しでもお役に立ったらいいなと思います。

　この本は、日本の現状を知り、読んだ後に「できない理由を考える」ではなく、「どうやったらできるかな？」「どうやったらよりよくなるかな？」を考えるきっかけになる。

　そんな新しい時代をつくっていく本になると感じています。

ひろりん　第2章「『男らしさ』『女らしさ』を超えた人事戦略」を執筆しました、小岩広宣です。

　生まれ育った三重県で社労士として開業して昨年で20年となりましたが、この間のキャリアでは「人材派遣」に専門特化してきました。派遣法はかなり特殊なので、ありがたいことに複数の著書の執筆や社労士会での講演の機会などにも恵まれ、同業の人から頼られたり仕事の紹介もたくさん受けたりしました。人材派遣というのは、一言でいうと正社員と対比されるマイノリティな働き方です。業界には経営者も含めて飛びぬけて個性的な人も多いです。そんな世界にどっぷりつかってきて、「ふつうの働き方」や「みんなと同じ生き方」と異なる道を選択することで、より魅力を高めているような個性的な人たちにたくさん出会ってきました。気がついたら、手続きとか労務相談の枠を超えて、いかにその人の個性と向き合ってそれを活かす仕組みを後押しするかというのが、自分自身のポジションになっていました。

　そして、社労士としてハラスメントのテーマに取り組むことが多くなり、

パワハラやセクハラを予防するためのカードワークを使った講習や規程整備のほか、実際に顧問先で発生した場合の事後対応にもかなり携わりました。ここで直面したのが、パワハラやセクハラの"加害者"である典型的な男性は、上司や先輩であったり、経験豊富な人であったり、会社からの評価が高かったりする"マジョリティ"であるにも関わらず、それゆえに共通の生きづらさや弱さを持っているという現実でした。ハラスメントの問題とマジョリティの生きづらさはある意味コインの裏表の関係にあり、この本質に関わらなければ本当の解決は難しい。そんな意識を強く持った私は、社労士として日々取り組む労務管理の目線から、ジェンダーについて学んだり発信したりするようになりました。

2年前には大阪で一般社団法人を設立して、キャリアコンサルタントの仲間などと執筆、講演、支援などの活動をしていますが、女性のみならず男性目線も盛り込んでジェンダーのテーマに切り込もうという試みには共鳴してくれる人も多く、出版や東京、大阪でのイベント、オンラインサービスなどにも結びついています。とかくジェンダーは女性ならではのテーマで男性には関係ないという風潮に対して違和感を覚える人は、若い世代になるほど多いのではないかと感じますので、コツコツ努力を続けていきたいと思います。

私は脱サラ経営者の長男に生まれてバリバリの"男子"として育ち、歴史や政治といったいかにも男性的な分野が好きで、社労士として独立してからもどちらかというと「経営」とか「戦略」という"男性脳"に比重を置いてきましたが、振り返ってみると子どもの頃から女の子と一緒に遊ぶのに違和感もなく、今でも母親と仲良くカフェで語り合ったり、女性社長とコミュニケーションを取るのは得意ですし、グルメやファッションやスキンケアにも普通に興味があります。こんなバランス感覚の持ち主である特徴を生かして、女性も男性も関係なくありのままに活躍できる職場づくりを支援したいという思いで、第2章を書かせていただきました。

 ともき　第3章「知ることは愛のはじまり」を執筆いたしました、寺田智輝と申します。

現在、有限会社クロフネカンパニーに所属し、2022年6月に講演家とし

て本格デビューし、以来全国で一般講演会、学校講演、企業研修、教職員研修などで講演会をさせていただいています。日本一の講演家であり、クロフネカンパニー代表の中村文昭さんに出会えたことで、今は、夢にも思わなかった人生を歩んでいます。

現在35歳ですが、30年以上自分を隠し、生きてきました。女性として生まれ、戸籍を変更し、社会的に男性になっても、自分を受け入れることができず、自己否定の日々でした。振り返れば、周囲の理解が得られないからだとか、周りの人が傷つけてくるという被害者意識が非常に強かったように思います。

しかし、周りの人ではなく、実際に一番傷つけていたのは自分自身でした。「どうせ自分なんていじめられても仕方がない人間なんだ」と、自分自身を傷つけ、一番差別や偏見を持っていました。過去のいじめや自身を隠す生活、学校の先生からの言葉も、それが今の自分の礎だったことを、すべては今のためにあったことだと、最近になって理解しました。この変化は中村文昭さんとの出会いがきっかけで、考え方や捉え方が変わったからこそ訪れたものです。

自らの経験を通じ、出会いや言葉、環境が人生をどれほど変えるかを感じ、その大切さに気づきました。性別に限らず、悩んでいる方々に「今の辛さも、一番の悩みも希望に変えることができる」という考え方を共有し、周囲への理解や、何よりも自分を知ること、そして相手を知ることの大切さをお伝えしたいと思い執筆させていただきました。

悩みの渦中にいるときは辛いものがあり、ネガティブな思考にとらわれることがよくありますが。そのネガティブさ自体が悪いわけではありません。捉え方や視点を少し変えてみることで、当時の自分には理解できなかった「視点の変化」が、気持ちを楽にしてくれました。

自身の経験から得たものを基に、「悩みは希望に変えることができる！」というメッセージがみなさんの心に広がり、心の支えとなることを願っています。また、「人と違うことがダメだ」と考えていた私が、「違うからこそ、それがいい」と人との違いは個性であり、その個性が輝きだすことで、強みや武器になるのだということに気づいた今、その考え方、捉え方をみなさんと

一緒に共有できればと思っています。

　人と違うことが「欠点」と見なされがちですが、それがあなたにとっては「欠かせない点」かもしれません。お互いに違いを認め合い、学び合うことで、より優しい社会が築かれることを願っています。この本がその第一歩となり、きっかけとなれば嬉しいと考えています。

みっちゃん（鎌倉美智子）への質問

 みっちゃん　はーい。それでは、ここから、ひとりひとりに質問をしていきたいと思います。まずは、私、鎌倉美智子に質問をしていただきます。

 ひろりん　第1章で、私が一番印象に残ったのが、みっちゃんが「ジェンダーフリー」＝「魂が望む生き方」って書かれている点です。今まで、あまりこういうフレーズを聞いたことがなかったので、すごくいい言葉だなって共鳴しました。「魂が望む生き方」とか、「自分軸」で生きることって、やはりとても大事だと思っていて、私もそういうふうに生きようと心掛けていますが、そこでちょっと聞きたいと思ったのが、「自分軸」＝エゴとか、自己中心的みたいに勘違いされることもあると思うのですが、それとの違いだとか、「自分軸」で生きるために気を付けた方が良い点などがあれば、教えてください。

 みっちゃん　そういうお話し、大好きです。ずっとそんな話をしていたいくらいです。

　「自分軸」で生きるって、エゴとか、自己中とか、確かにそういう面もあって、私も罪悪感にさいなまれたり、波動が下がった時期がありました。今、思うのは、みんなが少しずつ我慢をして、ひとりひとりがきゅうくつな世界で、本領発揮しないことの方が、もったいない。1人が「自分軸」で生きだすと、周りはびっくりするかもしれません。そして、「カオス」な状態。ぐちゃぐちゃになるかもしれませんが、人間には「カオス」な状態を一定に保とうとする（恒

常性）性質があり、1人が「自分軸」で生きると、その集団の他の人が欠けたところを補って、結局、なんとかなることが多いようなんです。みんなが本領発揮し出すと、魂がキラキラ輝き、より能力を発揮し、日本全体が元気になると私は確信しています。

ひろりん　なるほど、みんなが「自分軸」になることで、かえってみんなで補いあって幸せになれるっていう考え方、とても素敵ですね。私も今までの人生をふり返って、特に社労士として独立してからは、そんなことがとても多かったなと感じます。みっちゃんが語られる「魂が望む生き方」っていう発想について、もう少し具体的に聞かせてもらえますか？

みっちゃん　「魂が望む生き方」なんですが、魂は、エゴよりも「利他」を望んでいると私は感じていて、私は、夫婦や家族という小さい単位よりも、もっと大きなものが気になるんです。家族を幸せにしたいというのはもちろんの事ですが、未来の子供たちが生きる日本、世界をよくして、次世代へ引き継ぎたいという思いがとても強くて、「魂」は、集合意識的なところで、みんなが幸せな天国みたいな世界を望んでいるように感じています。それと「利他」をやるには、自分が満たされていないとただ疲弊してしまうので、「エゴ」を満たすことが実は、先じゃないかなとも思うんです。

ひろりん　それは良く分かるような気がします。実際、「エゴ」と「利他」を対立的にとらえる人もいますが、人生には必ずどちらも必要であって、究極は「裏表」の関係なのかもしれませんね。よく、昔のドラマとかで、「家族か？仕事か？」って問うような場面がありますが、そんなふうに選択的に考えるのは、ものすごく愚問だといえると思います。

みっちゃん　おっしゃる通りです。どちらか一方を選択する必要はありませんよね。
　それと「自分軸」について補足すると、ドイツの心理学者フレデリック・S・パールズによる「ゲシュタルトの祈り」の考え方が私は好きなのですが、

「私は私のために生き、あなたはあなたのために生きる。私はあなたの期待に応えて行動するためにこの世に在るのではない。そしてあなたも、私の期待に応えて行動するためにこの世に在るのではない。もしも縁があって、私たちが出会えたのならそれは素晴らしいこと。出会えなくても、それもまた素晴らしいこと。」

〜ゲシュタルトの祈り〜

　ありのままに、闇をさらけだしても、お互いに「この人が好きだ。この人と共に過ごしたい。」と共感共鳴し、「今」を共有できるなら、すごく幸せです。一方、誰かの期待に応えるために「頑張る」って結構、モチベーションも上がるし、一般的に高く評価されるいい大学やいい会社に入れたりと、「良かったね」とされがちなのですが、ともすると、本来「自分軸」で魂が望んだことと、違うゴールにたどり着いてしまうことがあって、そうなると、どんどん無理や我慢をし続ける人生になるように思います。

　家族や他人に喜んでほしい、承認してほしいと、「他人軸」に依存せず、やはり、人生の分岐点では、立ち止まって、「本当はどうしたいのか？」と自分に問い、「自分軸」で決断するのが良いと私は思っています。

ひろりん　たしかに今はひと昔前と比べると、自分で「選択」ができる時代になってきた印象はありますよね。日本人であっても、他人とは違う「個性」が、いい意味で好意的に受け止められるようになっている。20代くらいの若者をみていると、特にそう感じます。社会がどんどん多様化していく流れの中で、今までのようにみんなが一緒であることが素晴らしいという価値観、みんなが同じだと安心だという規範が揺らいでいって、「自分軸」というものとの向き合い方が自然にできるようになってきているのかもしれませんね。私たちの業界だと、よくＺ世代の労務管理は大変だなんていう言い方もされますが、ある意味若い世代の方が素直な感性を持っていて、多様化への柔軟な対応や発想力は強いし、ものすごいポテンシャルを持っているなと感じます。

みっちゃん　多様性が受け入れられる時代になりつつありますよね。ともきは、質問ありますか？

 ともき　大谷翔平さんは、子どもを1000人残せる可能性があるけど、石原さとみさんは、どう努力しても10人が限界、と、みっちゃんが書かれてて面白かった。めっちゃ笑ったんですけど、性転換をした僕は、少子化の問題でいうならば、僕は子宮と卵巣を取っているから、子孫を残せない。精子提供をしてもらうとかで、奥さんに子どもを産んでもらうことは可能かもしれないけど、それにはとてつもなくお金がかかるんですよね。質問なんですけど、僕たちみたいに子どもを産むことがスムーズではない人たちにとって、みっちゃん視点で、明るい未来がどんなものか？　どんな風に考えたらいいのか、聞かせてもらえますか？

 みっちゃん　そうねぇ。性転換の次は、精子提供ってなると、また金銭面での負担が大きいですよね。私は、少子化を改善したいという思いは強いのだけど、全員がDNAを残さないといけないかというと、そこに「とらわれ」なくて良いと思っていて、養子縁組で生まれてきた命を愛情たっぷりに育てるのも幸せの一つの形だと感じています。

　私自身、出産の経験があります。自分の産んだ子どもは本当に愛おしいです。だって、私の子宮内で、1ミリの受精卵を、5000倍の大きさになるまで育てて、1年近く文字通り一緒に過ごして産んで、そこから母乳（※私の血液）で育てたんですから、当然、とてつもなく愛おしい存在なんです。

　でも私は、私の子どもも他人の子どもも、みんなが幸せに暮らせる世界を残したい、引き継ぎたいと願っていて、うちの子どもだけが幸せになってほしいとか思わないんです。もしともきが結婚し、たとえば養子縁組を選ぶとして、ともきのような愛情深い人であれば、愛に満ちた素晴らしい家庭を築かれるだろうなと思っているよ。

 ともき　うんうん。自分のDNAを残せないなら残せないで、この世に生まれてきた役割や使命があると思ってます。

みっちゃん そうだよねぇ。ともきは、講演家だから、たくさんの人を勇気づけたり、希望を与えたり、そんな役割もあるんだろうね。

 ともき 日本は、不倫や一夫多妻制に対してあまりいいイメージがないじゃないですか。人と違うことをすると、叩かれる。これに関してみっちゃんは、他の角度からの意見を持っていて読んでていてすごく面白かった！

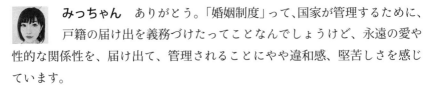 **みっちゃん** ありがとう。「婚姻制度」って、国家が管理するために、戸籍の届け出を義務づけたってことなんでしょうけど、永遠の愛や性的な関係性を、届け出て、管理されることにやや違和感、堅苦しさを感じています。

　「婚姻制度」って、そもそも税を徴収するための仕組みだと思うので、そこに愛や性的な関係性をミックスして、「権利」や「義務」みたいに感じる方が多いのが、私の違和感の理由なのかもしれません。

　あとね、不倫については、日本はセックスレスの夫婦が多いという統計があって、たとえばですけど、性的な関係を拒否され続けた人が不倫した場合、それって、他人に批判される程、いけないことなんだろうか？　単にパートナーシップの問題で、パートナー間でしっかり話をし、調整することですよね。

　それと、今の「婚姻制度」は、人口ボーナス期につくられたもので、人口オーナス期（従属人口の比率が多い）の今、10年後、20年後にどういう国にするかっていう視点で考えたら、少子化が止まらない日本において、見直さないといけないのだけど、「倫理感」や「常識」という「正義」によって、ちょっと尖った発言をしてしまうと、バッシングされるものだから、こわくて誰も見直せない……。そういう状態なのかなって思います。

 ひろりん 今、何かと年金の第三号被保険者とか健康保険の被扶養者制度の問題がクローズアップされていますが、その本質は、性別役割意識がはっきりしていた、かつての「夫婦の形」がいまだに「普通」だ

と認識されているところにあるような気がします。こういう感覚からしたら、みっちゃんの書かれていることはある意味抵抗感ありまくりだと思うのですが、そうした世間の感覚みたいなものに対してはどう思われますか？

　私は、個人的にはけっこう意見が近いですし、面白いなと思って読ませてもらったのですが……。

みっちゃん　きっと、抵抗感ありまくりでしょうね。専業主婦を選んだときの時代背景も違いますし、いきなりガラガラガッシャンとか私みたいなのに言われたら、もちろん嫌だと感じる方もいらっしゃると思います。

　ただ、2060年に現役世代1人が高齢者1人を支える肩車型になるという未来予測を知ってしまうと、私、そのとき、83歳なんですけど、そんな時代にしてしまったら、未来の現役世代にあまりに申し訳ないので、先送りじゃなくて、今、私たちの世代が常識に囚われない意見も含め思いを発信し、少しでもそれが、次世代の人たちに役立ったらなと、少子化が気になって、書かずにはいられなかったんです。

ひろりん（小岩広宣）への質問

みっちゃん　次、ひろりんへの質問にうつりましょうか？　ひろりんは、お会いすると、ファッショナブルで、マジョリティといわれるような男性像からかなり外れていらっしゃるのですが、過去には、一般的な男性のスーツにネクタイという時代があったと思います。どのタイミングで、どんな思いで、今のひろりんに変わられたんですか？

ひろりん　いえいえ、今でもたまにはスーツも着ますよ（笑）。いったん男性とか女性だとか、社会のマナーとか常識とかを置いておいて、「ひとりの人間」として原点に立ち戻って普通に考えると、どう考えても「おかしいな」というのが私の感覚なんですよ。「男性だからスーツを着なければいけない」とか、「男性だからメイクしてはいけない」とかっていう発想

が、私の中では、むしろ何か特殊な社会の圧力とか、無意識のうちに培われてきた規範に依っていて、逆に「不思議だな」と思うのです。

　私は、性別がどうとか社会的な立場がどうとかを問わず、いろんな人やあり方から素直に刺激を受けながら、タブーなくチャレンジしていきたいっていう思いが強いのですが、男性が今まで特にビジネスの場面においてマジョリティといわれてきたからといって、事実上、性別にとらわれない自由な発想や自己表現を放棄するのってやっぱり違うなって思うのです。社労士って世間的には固い仕事だし、周りから信用されなきゃいけないってところもあるので、やっぱり、はじめは、どんなふうに思われるか不安ではありました。でも、労働法や労務管理の専門分野をもった社労士だからこそ、マジョリティである男性はスーツしか着ちゃいけないっていう考え自体を、むしろ真剣に問うことができるような気がしているのですよ。ただ、ちょっとかしこまった場所であまり派手な服を着て出かけたりすると、極端な話、トイレの問題が出てくることもあります（笑）。男性だから男性用のトイレに入るのは当たり前ですが、たまにものすごく視線を感じるようなことがあるんですね。ということは、「男性は、そういう恰好をしてはいけない」というのが常識になっていて、私としては、常識をぶち壊したいとまでは思わないにしても、それも「個性」として認められないものなのかな？とは感じています。

　これがサラリーマンの人だと、今は会社の方針にそぐわないとか、いろんな問題が起こる可能性がありますけど、人間の個性とか表現って、一番わかりやすいのが洋服なんですよね。だから、男性だからって理由だけでみんながまったく同じ格好をしているのは、逆に何か気持ち悪いし、それが世間でいうところの男女の格差とか、女性への差別意識とか、はたまたハラスメントとかの土壌として、間接的には影響してしまっているのだと思います。どこかのコラムでも書いたことがあるのですが、同一労働同一賃金の時代に、同じ職務や役割なのに男性か女性かによって着られる服装やできる髪型や表現があまりに違うのは、ある意味どう考えても不合理ですよね。

　女性は、いろんな恰好をしているのが当たり前なのに、そして、憲法21条ですべての国民に表現の自由が保障されているのに、なぜ性別だけで強固に分けなきゃいけないのかっていう疑問に、生まれてこの方、明確で納得で

きる回答に出会ったことがないです。だれかに教えてほしいなって思っていますが、でも結構楽しんでいる自分もいます。時代も劇的に変わってきているので、これからが楽しみという思いもあります。ともきたちを見ていて、世代の1期の違いって、すごく大きいなと思うのです。20代、30代ってまあまあ柔軟。これが、40代、50代だと、かなり景色が変わりますよね。今は間違いなく時代の過渡期なのだと思います。

 みっちゃん　好きな服着たらいいですよね。好きな服を着ていなかった頃って、我慢されてましたか？

 ひろりん　いえ、たぶん変わったんだと思うんですよね。時代の雰囲気が変わったからか、好奇心からか問題意識からか分からないですが、もともと若い頃の私には、そういう感性はまったくなかったのです。つい数年前までは、当たり前のようにスーツばかり着て、それ以外の選択肢が頭の切れ端をよぎったことすらなかったですね。

 みっちゃん　じゃあ、我慢して男性のスーツを着ていたわけではないんですね？

 ひろりん　はい。それはもう、普通に男子だったんですよ。もっといいスーツ着たいなとか、かっこいいネクタイしたいなとかって、ずっと思ってたんですよ。だから、ある意味、感性の「突然変異」なのかもしれません。もちろん、まったく男性的な面を失ったわけではありませんが、同じことを考えたり行動したりするにも、かつてよりは感性の幅が広がったような気がします。

 みっちゃん　突然変異。おもしろい表現ですね。

 ひろりん　でも、私も最近いろいろと知り合いが多いのですが、ジェンダーの感覚って、突然変わる人もいるんですよ。そして、がらっ

と変わるだけじゃなくて、医学的にもジェンダーはグラデーションなので、あるとき比率が変わったり、微妙にミックスされたり、はたまた揺らぎがあったりもする。ともきのような例もあるけど、みんながそうとは限らないんですよね。40代、50代になってから変わる人もいたり、また、戻る人もいたり、ノンバイナリーみたいにハーフって人もいますが、もっともっと、そういう人が出てきて活躍できた方が、絶対人生楽しいと思うのですよね。

 みっちゃん　私、突然変異って、はじめて聞きました。

 ひろりん　でも、こういうファッションの問題とかって、子どもの頃からの刷り込み、思い込みによる素地の要素が強いから、やってみたら、思ったより平気なはずなのです。そして、今は若い人がいろんな分野で頑張ってくれているから、覚悟さえ決めればなんてことない時代なような気がします。そして、社労士って、結構寛容な人が多いですし、仕事柄も多様性への理解もあるし、女性の割合が多い士業だということもあり、理解してくれたり、シンパシーを感じる人が多い気がします。最近は分野を問わず、ささやかな発信に興味を持ってくださる人も増えてきたので、社労士の分野からもっとリアルに発信したり、労務管理や就業規則の視点から問題提起したり、コツコツ取り組んでいきたいと思っています。

 みっちゃん　世の中的には、トイレとお風呂の問題がいつも話題になったりしますよね？　どっちに入ろうかって？

 ひろりん　それは個人的には表現とか生き方からするとちょっと脇のテーマだと思うのですが、飲食店とかで間違って勧められるときなんかもあると聞くので、そのあたりは複雑な問題をはらんでいるなと思います。表現も含めてマイノリティの人が突き当たるテーマですが、ともきみたいに性別移行している人は当然の権利なのは当たり前として、普通はルールと性自認とが合致しているから問題は起こらないですよね。
　今、トイレ問題などでマイノリティの人が攻撃されたり、SNSでもいろい

ろ書かれたりしていますが、明るく正しい情報を発信してくれる人がいると、もっと社会が明るくなるし、リアルな話しから、勇気づけられる人が多いんじゃないかと思います。みんながそんな雰囲気を認めあっていったら、きっと世の中うまくいくんじゃないでしょうか。裁判例とかをみても「見た目のパス度と法律上の性別」が現場で混乱しているケースも多いので、法律が強化されたらされたで、また、こういう問題は別の意味で深刻になりそうですし。

ともき　それはすごい思います。法律がきめ細やかにできればできるほど、そこに入れない人もでてきて、生きづらさを感じる人が増えるんじゃないかなぁ。LGBTへの配慮を進めると、それだけ、また溝ができる。本当は、その溝をうめるための配慮のはずなのに、そこにまた差別がうまれてしまうような気がして、違和感を感じるんですよね。

ひろりん　それは、まったく同感ですね。法律ができることはある意味いいことだと思うけど、細かく規定することによって、かえって生きづらくなる人が増える気がする。この感覚って、私たちだから、ある程度わかるけど、普通の経営者とか、社労士の集まりで話しても、なかなかいっていることがピンとくる人は少ないのかもしれません。そして、個人的には、法律についての議論は必要だと思うけど、その流れが逆に意見の異なる人との対立を加速したり、国論を二分するようなことになっては、本末転倒なのではないかと思います。

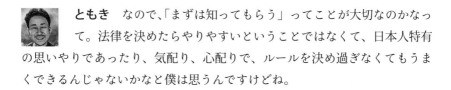

ともき　なので、「まずは知ってもらう」ってことが大切なのかなって。法律を決めたらやりやすいということではなくて、日本人特有の思いやりであったり、気配り、心配りで、ルールを決め過ぎなくてもうまくできるんじゃないかなと僕は思うんですけどね。

みっちゃん　そうなるといいんだけど、女性活躍でも、海外に比べて全然進んでないじゃないですか。日本って、決めないとなかなか

変わらないなぁって気もするんですよね。スピードがめちゃ遅い。

 ともき 学校に行くと、LGBTという言葉に違和感を感じている子どもがすごく多くて、ということは、その子たちが大人になったときには社会が変わるという希望は感じるんだよね。多様性を受け入れる体制はもうちょっと整うとは思う。

 みっちゃん 時間かかるよね。でも、教育、大事よね。

ともき（寺田智輝）への質問

 みっちゃん では、次にともきへの質問にうつりましょう。
　私は、相手を変えようとか、わかってもらえるようぶつかるってことを避けちゃう方なんですけど、ともきが家族にカミングアウトしたときに、お父さんがちょっと反対というか、すぐに受け入れられなかったでしょ？
　でも、今はお父さんとの関係がすごく良い。カミングアウトって、LGBTの方にとって、悩み深きところだと思うので、どうやってお父さんの思いを変えていったのか教えて欲しいです。

 ともき 変えたっていう感覚は全くなくて、理解できないだろうな、受け入れるのにも時間がかかるだろうなっていうことはわかっていたんですよね。その上で親が反対しようが、勘違いだよって言われようが、そうじゃないっていうことは知ってもらいたいって思っていました。親の反応は、仕方がないと思うし、僕と感覚が違うのは当たり前の話だから、「考え方を変えてほしい」とは思ってなくて、ただ「僕が幸せになること」を1番に考えてくれるのであれば、「性別を元に戻したい」という心だけはわかって欲しいという思いをもって話をしていました。
　意見を真逆にしようとしたわけではなくて、自分の思いを伝えることと、親の思いを聞くことをしていったという感じですね。話し合いは、朝まで泣きながら何十回もしました。僕には僕の思いがあるし、親には親の思いもあ

るから、1回で終わることではないっていうのは最初から思っていたし、何度も話し合いをする覚悟は持っていました。

 みっちゃん　ありがとうございます。泣きながら何十回も話をするとかっていう努力、私、これまでの人生でしたことがなくて、仲の良い家族って、そういう本気のぶつかり合いをして、仲の良い家族になっていくのかなって、ともきの家族をみてて、感じます。

 ひろりん　ともきが「職場の理解が得られなくて退職に追い込まれることが多い」って書かれてましたが、第3章では詳しいところまでは触れられてなかったと思うので、その辺りのリアルな経験談をもう少し、詳しく聞かせてもらえますか？

 ともき　退職を促されたことは、1回だけじゃなく、何回かあるんです。その中でも一番印象的だったのは、学校に勤務していたときですね。産休の代替で学期途中からの非常勤講師として、来年度も継続という条件で勤務し始めました。本当のことを言っておいた方がいいと思い、お話をいただいたときに、「実は、僕は性同一性障害という診断を病院からもらっていて、今治療中です」ということをお伝えしました。校長先生には、「それでもいいよ」と言ってもらえたので、勤務することになったんですね。

　僕が勤務を始める前に、校長先生から、先生方に僕の話をされていて、でも、僕には何の了承も得ずにカミングアウトした状態になっていたので、今でいう「アウティング」の状態です。どういう伝え方をされたかわからないんですが、先生たちから扱いにくい存在だと思われたようで、勤務開始3日後に校長先生に呼ばれて、「お前がおったら他の先生がやりづらいって言ってるから明日から来なくていいよ」と言われてしまったんですね。

　そして僕が、「先に伝えましたよね？　それでもいいって言ってましたよね？　話が違いませんか？」と言ったら、校長先生からは「職員室の雰囲気がおかしい」「お前のことを生徒になんて説明したらいいかもわからない」と。「では、教材にしませんか？」という話もしてみたんですけど、「刺激を与

えるな」「いらんことするな」「とりあえず来るんだったら女性として来て、仕事をして下さい」と言われてしまったんです。

　任期の途中で辞めることをしたくなかったので、女性の先生として、毎日仕事をする選択をしたのですが、やっぱり先生方がどう接していいかわからないと困惑している感じも伝わるし、職員室ではほとんど喋ってくれる先生はいなかったですね。非常勤講師の業務外の仕事をふられたり、不利な時間割を提示されたりして、「退職します」と言わせるよう、追い込まれた感じでした。

 ひろりん　それは本当にシリアスな問題ですよね。そのときの生徒たちの反応って、どんな感じだったのでしょうか？

 ともき　10年前の話なので、今のようにLGBTという言葉も認知されていなかったし、社会も先生方もまだわからない部分が多かった。子どもたちも、「何なんだろ、あの人は？」って不思議に感じていたとは思うけど、カミングアウトはしないでくれと言われていたので、ボーイッシュな女の先生くらいに思っていたんじゃないでしょうか。

 みっちゃん　今、学校へ講演に行っていて、10年前との変化は感じますか？

 ともき　学校によるとは思うけど、今、講演に伺っているところは、先生の理解があるところだったり、先生自身の理解度を深めたいという思いや、生徒にも悩んでいる子がいるから話を聞かせたいって呼んでくれます。時代は10年前と比べると変化は感じます。

3人のフリーディスカッション

 みっちゃん　では、ここから先は、フリートークで好きなことを話す感じでいきましょうか。私、さっき、自分の思い込みに気づいたんですけど、ひろりんが、「突然変異」で、自己表現の幅が広がったと聞いて、そして、学生になってから、自分の性への認識がわかったという人もいますね？　なんかね、ともきみたいに、幼少期から、性別に違和感を感じていてっていう方が多いのだと思ってたんです。

 ともき　大学に入ってから、一気に世界が広がったというか、戸籍までは変えていないけど、男性として女性と付き合っている人とか、治療をしている卒業生と関わったときに、LGBTって、テレビのバラエティ番組に出てくる存在っていう雰囲気でしたが、一気に身近なものというか、一人ではないんだな。と思えたかもしれません。

 ひろりん　私は学生時代にほとんどジェンダーについて考えたことはなかったですが、ここ10年くらいの世相の動きをみていると、やはりいろんな意味でみんなが「自分らしさ」を大切にしだしたのかなという気がします。テレビドラマや映画なんかの影響もあって、時代の雰囲気みたいなものが変わって、ジェンダーについての社会全体の認識が変わって、いろんな情報も増えていったような気がします。時期としては、平成の終わりくらいの流れなんですよね。

 みっちゃん　「アナ雪」ブームで、「ありのままで」が流行語大賞に選出されたりと、日本だけでなく、世界中のムーブメントとして、「自分らしさ」を大切にする流れがあったのかもしれませんね。

 ともき　ただね、僕のパターンの方がめずらしいんですよ。物心ついてすぐ違和感を感じる人の方が、少ないみたいです。それに、僕タイプ（トランスジェンダー）の方が割合としても少なくて、「Xジェンダー」、どちらでもないっていう方が多い。

みっちゃん　えー、そうなのー？

 ひろりん　意外と自分でも気づいていなかったりとか、何かの環境変化に触れて気が付いたとかっていうパターンが多いんですよね？

 ともき　気づいてないとか、身体は認められますよとか。さまざまなんですよね。

 みっちゃん　「身体的な性×性自認×性的指向×性表現」がバラバラで、何パターンもあるってことなんですね。

 ともき　Xジェンダーの人って、トイレは男性・女性のどちらに入るかって悩む人もおるし、それがストレスに感じて外ではトイレなどには行けない人もいるみたいやけど、僕は戸籍も男性でもちろん男性用に入るんだけど、ひろりんはどう思う？

 ひろりん　トイレについては、MtFやFtMの人は裁判例にもあるようにいろんな議論がありますが、広い意味でXジェンダーの人は一般的に戸籍上の性自認があるので、それほど問題になるケースはないのかなと思います。日本ではXジェンダーという言い方が多いですが、世界的には「ノンバイナリー」だと思いますが、まだまだ本とかも少ないから世の中的にも理解されていない部分が多いのではないでしょうか。

　さっき、ともきが言ってたように、Xジェンダーって、数はもっと多いはずなのに、実際はほぼいないことにされていて、あまりメディアにも出なくて、アカデミックの世界でも議論が少ないので、不思議とイメージは逆かな？と感じますね。

 ともき　僕たちみたいに戸籍を変えたとなると、カミングアウトせざるを得ないタイミングが多いんですよね。それで「多い」という

認識になるのかもしれないです。

　就職などで住民票を提出する場面で、バレちゃうんですよね。戸籍の変更って、なかなかみたことないと思うんですけど、元々女性なので「女」の表記に斜線が引かれて「男」って書かれているだけなんですよ。パッとみただけでわかっちゃうんです。なので、事前に言わないといけないとか、それをみた段階で「お前騙してたんか」ってなって、明日から来なくていいってなったりしたんですよね。

　カミングアウトをしないといけない機会が多い、というのはあるかもしれないですね。

 みっちゃん　そしたら求人に、「LGBTフレンドリー」と書いてある方がお互いにマッチはしやすいですよね。

 ともき　LGBTっていうのを出すことで楽になる人もいると思うけど、反対に嫌な思いをする人もいる。僕はLGBTでいうとTのトランスジェンダーに分類されるんだけど、自分でトランスジェンダーって思ってるかっていうと別にそうではない。男性だと思ってる。だからLGBTとカテゴライズされることに違和感を感じる。

　だからわざわざ、LGBTって書いてあるところに行くかっていうとそうではない。なので、すごく就職で困りました。

 みっちゃん　困るよね。どうしたらいいんだろう。

 ともき　そこのギャップがすごくある。

 みっちゃん　私は、区別したいんじゃなくて、若い子達が、受け入れ態勢の整っていない会社に面接に行って傷つけられて、っていうのをできれば避けたいなって思うんだよね。傷ついて、またチャレンジできればいいんだけど、もう嫌ってなっちゃう人もいるだろうから。

ともき　だから、LGBTとかっていう言葉がなくても受け入れられ
る社会になればいいなって思う。言葉自体を言わなくても良くなる
社会になったときに、初めて本当の多様性な社会になるんじゃないかな？っ
て思っている。

 みっちゃん　ただね、ともきの講演とかで、学生さんに対する教育
で変えるには、20年はかかるでしょ。

 ともき　だからもっと活動していって知ってもらうこと、知ってい
る人を増やすことをしていきたい。こういう生き方をしてきた人が
いる、でも話を聞いたら、なんだ別に普通やん？ただ悩みが性別だっただけ
だなって。親のことで悩んでいる、人間関係で悩んでいる、自分の見た目の
コンプレックスで悩んでいる人がいる、ただ悩みが性別のことだっただけっ
ていう、至って普通の人間ですという感じ。

 ひろりん　今の話題になっているテーマって、ジェンダーのことを
取り上げてはいるけれど、本質は「社会のあり方」なんだと思いま
す。良くも悪くも、男性中心社会というのが問われていて、ジェンダーを暗
黙のうちに「白組」「紅組」に分ける習慣が根づいてしまっていて、そうした
「ふたつの箱」に収まらなかったり、疑問を持つような意見や生き方は、そも
そも社会の仕組みの建てつけに合わないし、"生産性"が悪いからと排除して
きて、負のスパイラルに陥っちゃっていると思うのです。
　子どもの教育から変えていくのが一番だとは思うけど、みっちゃんがいう
ように、それには20年とか、時間がかかる。男性社会の問題と、マイノリティ
の問題は、まったく別のテーマだと認識されがちだけど、私は根っこはまっ
たく同じだと思う。これからの社会のあり方を左右するくらい重要なテーマ
として、これらをセットで考えていくべきだし、もっとみんなで一緒に考え
ていくことができる場があったらいいなと心から思います。

 ともき　それができるのがこの3人ですよね。

ひろりん　うん、この3人でまたいろいろやっていきたいと思います。

ともき　仕事だって紹介できますよー！　そして、どういう仕事がしたいの？と聞くこともできる。ここにきたら多種多様な人たちがいるから、すごく面白いと思う。

　この3人だから、社会や企業に対してとか、就職のことを専門的に見ることも、教育現場にアプローチもできると思いました。

　たとえば、社労士さんの目線で、何がしたいかわからない、自分が何が得意かもわからない、でも生きていくのに仕事はしないといけない、っていうときに、どういうふうにアドバイスするのかな？

みっちゃん　自分に問いかけると言っても、やってみないとわかんないじゃん！って、私は思っていて、どんどん働いてみたらいいと思う！　色んなことやってみたら、「私、これ好きー！」とか、「私、これは嫌」っていうのが見えてくる。

　日本って「新卒で就職して定年まで」みたいな人が結構たくさんお給料もらっていたりするんだけど、それは一つの人生であって、私は、20代で3社勤めたんだけど、履歴書ぐちゃぐちゃでもやりたいことやれる人生を掴めた人いるよ、っていうのを私は、子どもたちに伝えたいと思う。いろいろやってみて、合わなかったらやめたらいい。履歴書ぐちゃぐちゃをおすすめするわけじゃないので、特に学生時代に色んなアルバイトをしたらいいって思う。

ひろりん　どちらかというと社労士とかキャリアコンサルタントって堅苦しく考えがちなんですけど、私も履歴書ぐちゃぐちゃです（笑）。勝ち負けじゃないけど、みっちゃんには勝ったな、って言えるくらいかもですね。20代で3社とか「少なっ！」って思いました。私は1年で3社とかそのレベルなんですよ。

　振り返ったら笑い話なんですけど、のちのち、結構その経験も生きてくる

のですよね。特にこういう仕事ですから。私なんて、その頃はもう将来なんてまったく想像できなかったけど、今思うとぐちゃぐちゃの20代の経験が、今やっている仕事に一番生きているのですね。雇用形態も正社員あり、契約社員やアルバイトあり、派遣あり、業界も自動者メーカー、建設、運送、銀行に医療器メーカーなどなど。これだけ経験したことが、本当にリアルに引き出しになっています。なので、あまり気にしなくてもいいのかなと思います。

　それと、あまり「分けなくてもいい」のかなとも思います。仕事だからとか、プライベートとか、趣味だとか、ジェンダーに関してとか。切り離さなくてもいい感じがします。働かないと食べていけないので、仕事しなきゃということになるけど、はたして仕事の目的ってそれだけかな？っていうこと。何か楽しいことをやるとか、やりたいことをやるとか、この人についていったら面白そうだから行ってみる、とか最初はむしろそういう感じの方がいいと思うのです。私はあまりお給料とかで転職した記憶がなくて、だから若いときは嫌だったらすぐやめちゃうくらいの時期もありました。でも、決して間違ってはなかったなと思います。当時は叩かれましたけど、でも言ってしまえば、新卒から40年間、ずっと同じ会社で働くっていうのも、過去のマジョリティの考えですよね。そういう人生を送っている人の中には、今はすごく大変な思いをしている人も少なくないと思います。やりたいことやっていて、それが仕事になったらいいね、くらいの感じでいると、意外と人間としてのオーラが改善してものごとがうまくいくので、結果オーライのケースも多いような気がします。

ともき　このメンバー、３人とも履歴書ぐちゃぐちゃ。僕も履歴書に書くスペースなくなるもん（笑）。今が良ければいいですもんね、結局。

ひろりん　見た目とか行動が真面目な人が真面目とは限らないと思うのですよ。あまり他人の物差しで真面目にやらなくていい、「不真面目」なくらいでいいと思います。嫌だったら辞めちゃっていいですし。

それよりも大事なのは、「自分軸」、そして何のために自分が授かった命を燃やしていくかという、信念のようなものですね。

 ともき　社労士って聞くと、履歴書はすばらしく、エリート界の人みたいなイメージを勝手に持っていたので、3人とも履歴書ぐちゃぐちゃだと知れて、一気に親近感がわきました。

 みっちゃん　ひろりんの会社ではもう、新しい取り組みをされているんですよね？　どういうことをされているんですか？

 ひろりん　社労士法人では去年から服装自由化して、顧問先にもそんな規程の提案をしたり、男性学視点を盛り込んだハラスメント研修をやったりしていますし、一般社団の方では、ジェンダーのテーマでまた別の本を書いています。せっかくのご縁なので、また3人で何かできたらいいですね。

　月並みないい方ですが、結構、世の中が偏ってしまっているんですよね。マイノリティ支援だったり、女性活躍推進、ハラスメントとかがど真ん中のテーマで、男性社会の問題だったり弊害なんかはその周辺だといわれている。でも、むしろ本質はマイノリティの問題の「裏表」じゃないのかな？と思うのです。逆に、そういう目線をどんどん取り入れていかないと、「女性差別の問題」「性的マイノリティの問題」「男の生きづらさの問題」をまったくバラバラに考えてしまうと、文字どおり三すくみになってしまって、いつまでたっても本質的な解決には向かわない気がします。実際にはもう社会は変わっているのに、同調圧力にさらされて周りに忖度して、無理して「男らしく」「女らしく」ふるまうことで苦しんだり、パフォーマンスを悪くしている人は、ものすごく多いと思います。

 みっちゃん　たとえば、男性が働いて、奥さんが専業主婦っていうパターンで、50歳になった。子どもが独立して、夫婦でそこからどう生きるかというときに、もう50歳だし、妻を養い続けないといけない

よね、妻もそれが当たり前という考えだったりする。

　私、男性が家族を養わなきゃいけないっていう考え方、それって重いよな～って、感じちゃうんですよね。今の20代の子たちは共働きで一緒にやっていこうっていう方が多くて、昭和生まれの男の人、今、しんどい人が多いんじゃないかな？って思う。

 ひろりん　ほんと考え方が一周遅れちゃってる気がするんですよね。戦後の高度成長期に国が後押しして、昭和の末年にある種の完成をみた、税制・社会保障制度による「家族の形」が、たまたま上手くいっただけで、今の時代にもまったく仕組みを変えずにやっていること自体が不思議なのです。ちょっと踏み込んでいうなら、今となっては、男に生まれようが女に生まれようが、誰も得しない仕組みなんですよね。女性に生まれたら良かったかというとまた別の大きな生きづらさが襲いますし、男性に生まれたら圧倒的にマジョリティはあくせく40年間働いて「はい終わり」みたいな感じですよね。

 ともき　僕は養いたいと思ってる。

 みっちゃん　え…、びっくりした。

 ひろりん　この中で、ある意味、一番男らしい意見ですね（笑）。

 ともき　養うっていうのが幸せだと思ってます。僕、マジョリティ寄りです（笑）。

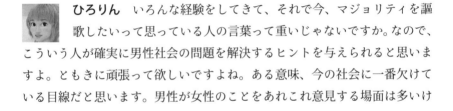 **ひろりん**　いろんな経験をしてきて、それで今、マジョリティを謳歌したいって思っている人の言葉って重いじゃないですか。なので、こういう人が確実に男性社会の問題を解決するヒントを与えられると思いますよ。ともきに頑張って欲しいですよね。ある意味、今の社会に一番欠けている目線だと思います。男性が女性のことをあれこれ意見する場面は多いけ

ど、逆に女性が男性のことについて、家族とか個人的なつながり以外でものをいう場面って、意外と少ないと思います。だから、逆に女性としての経験があって今は身も心も男性になった人がいうのはとても説得力があると思う。

 みっちゃん　いろいろだね。

 ひろりん　これは性別で必ずしも機械的に２つに分かれるわけではないというのが、いろいろな意味で実証されていますよね。最終的には、個人の価値観、考え方次第だと思いますから、性別だけで区切るのは、どうも違うな、と思います。今までは、男性だから…、女性だから…と、ある種の「役割演技」をこなすことが社会全体でプラスになってきたかもしれないけど、もう今は仮面をかぶって演技するって生き方自体が見直しを迫られている時代なんだと思う。

 みっちゃん　ひろりんは養いたいと思う？

 ひろりん　私はそれぞれが「自分」でいいと思っています。その中でもちろん迷惑をかけないように、最低の生活力とか経済力とか大人としての覚悟とかは必要だと思うけれど、それ以上に人間として信頼できて、しっかり自分を持っていることが一番大事だから、「男性だから」「女性だから」とはあんまり思わないですね。

　男性の役割として、なぜ自分が全部稼いで100パーセント家族を養う必要があるのかがいまいちわからないし、今どき妻に専業主婦を求める感覚もあまり理解できない。むしろ配偶者に社会的・経済的地位を作ってもらうために、自分が全力で応援するっていうのも一つのあり方だと思うんですよね。日本では、そういう発想がまだまだ少ないなと思います。男性だから、何でもかんでも自分がやらなきゃ！という考えが強過ぎると、結果的にエゴが大きくなってしまって、自分も相手もむしろ幸せにはならないのでは？とすら感じます。

そうすると、意に反して、男性が女性を支配するみたいなことが起きるわけじゃないですか。昭和の時代のドラマじゃないけど、「自分は稼いでいるんだ！」みたいな。本人が認識してなくても、経済力や肩書の力ってまあまあの確率でハラスメントの要素を生み出しうるし、社労士的には企業顧問の立場でそうしたハラスメント対応とか、予防や啓蒙のための研修なんかに関わっていて、切実にそんな実感を感じることは結構あります。真面目に「男らしさ」「女らしさ」を演じて生きてきて、終わってみたら、誰も幸せにならない構図って、本当に笑えない「喜劇」だと思うのです。

半分本気で思うのですが、これって一通り経験してみると面白いかもしれないですね。男性に生まれた人は、女性だったらこうだったなかな？とか、女性に生まれた人は男性だったらこうだろうな？とか。そういう講座とか研修とか、あるいは企業における人事的な取り組みとか、やったら面白いと思うんですね。「今日は性をチェンジする時間です」みたいな柔軟な発想で取り組んでいく。そういう講師に、私たちはなれそうな気がしますね。

 ともき　たとえば、男性は女性を経験する。女性は男性を経験する。という際、何を経験してもらいますか？

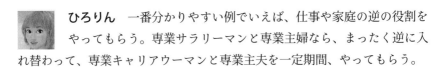 **ひろりん**　一番分かりやすい例でいえば、仕事や家庭の逆の役割をやってもらう。専業サラリーマンと専業主婦なら、まったく逆に入れ替わって、専業キャリアウーマンと専業主夫を一定期間、やってもらう。

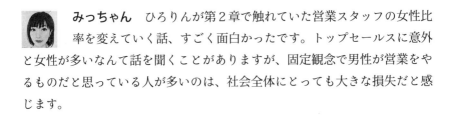 **みっちゃん**　ひろりんが第2章で触れていた営業スタッフの女性比率を変えていく話、すごく面白かったです。トップセールスに意外と女性が多いなんて話を聞くことがありますが、固定観念で男性が営業をやるものだと思っている人が多いのは、社会全体にとっても大きな損失だと感じます。

 ひろりん　私も普段地方で仕事をしているので、いまだに職種を男女で分けている会社が多い現実にしばしば直面します。これは制度

や仕組みというより慣例なんだと思いますが、普通に考えたら、おかしいじゃないですか。営業マンは男性しかなれない、内勤の事務員は女性しかなれない。でも、一番不思議なのは、そこに違和感を感じたり意見を言う人も誰もいないんですよね。まずはそうした社会の雰囲気とか、会社のカルチャーとかをみんなで問いかけていくための取り組みが大事なのだと思います。

 みっちゃん　私も、管理職とか、政治家に女性を40％以上とか、決めないと、日本は変わらない気がしますね。そして決まったら、日本人は、真面目だから守るような気がしていて、もちろん、しばらくは、カオスな状態になるのだけど、一定期間が過ぎれば、意外とうまくいくんじゃないかなぁ？

 ともき　最終的には、LGBTとか、男性・女性、関係なく、「みんな違ってそれがいい」、「生きる道は自分で選択できる」、そんな世界を目指したいよね。

おわりに

第1章：鎌倉美智子

　1人1人が違いを尊重し、共に成長する社会を創造する。それには、これまで信じてきたジェンダーの役割に囚われず、自分の「心の声」を信じる勇気が必要です。「自分らしく生きること」の本質は、外から与えられるものではなく、私たちの中にあります。それに気づくことが真の自由や幸せへの第一歩です。この本が、あなたの「魂が求める生き方」を見つける道しるべとなれば嬉しいです。　　　　　　　　　　　みっちゃんより

第2章：小岩広宣

　ジェンダーギャップの大きい日本で女性差別の解消は急務ですし、豊かな多様性を認め合うことがこれからの社会の発展を後押ししていくことに疑いはないはずなのに、なぜか男性たちは従来の「男らしさ」の殻に閉じこもってある意味、取り残されつつあるのかもしれません。新たな時代の「男らしさ」「女らしさ」のステージに向けて、本書をささやかなヒントにしていただけたらとても嬉しいです。　　　　　　　　　　　ひろりんより

第3章：寺田智輝

　一人ひとりの違いを尊重し合うことで、優しい社会が築かれます。多様な考えや感情を受け入れ、共通の理解を深めることで優しい社会が創られる一助になることを願っています。違いを学び合い、認め合えることで、より豊かな人間関係が築かれます。過去の悩みが未来の「輝き」になるように、この本が愛と理解の輪を広げ、温かいつながりを築いていくその一歩の支えとなれば嬉しいです。

　　　　　　　　　　　　　　　ともきより

執筆者略歴

鎌倉　美智子（かまくら　みちこ）
＝みっちゃん

株式会社採用と育成　代表取締役
福岡労務経営事務所　副代表

　20代の半分は海外暮らし。L.A.でグラフィックデザインを学び、卒業後はブラック企業を含む3社でキャリアを積む。アイルランドでの出産・子育てを経て、現在は社労士12年目、採用定着士5年目を迎えている。独立願望0の主婦が出産後、多数の資格を取得し→起業へ。多様な感性と幅広い経験を活かし、定着する人材の採用支援、社員研修他、経営者の目標達成支援を行うことに深い愛と情熱を注いでいる。

主な資格：社会保険労務士・採用定着士・キャリアコンサルタント・産業
　　　　　カウンセラー・公認カウンセラー・FP2級 その他

著書 / DVD：『新採用戦略ハンドブック』（労働新聞社）、『社労士のための
　　　　　採用・定着支援実践ノウハウ』『新しい求人票システムを使っ
　　　　　た採用ポイントとテクニック』『社労士のためのコッソリ学ん
　　　　　でおきたいプレゼン3つのコツ』（日本法令）

＜連絡先／コンサルティング依頼先＞
株式会社採用と育成　https://saiyo314.com/
〒631-0805 奈良県奈良市右京4-4-19
Facebook：https://www.facebook.com/kamakura.michiko
Chatwork ID：kamakura-michiko

小岩　広宣（こいわ　ひろのり）＝ひろりん

社会保険労務士法人ナデック代表社員。一般社団法人ジェンダーキャリアコンサルティング協会代表理事。特定社会保険労務士。特定行政書士。国家資格キャリアコンサルタント。ジェンダー法学会、日本ジェンダー学会、ジェンダー史学会会員。

　20代で社会保険労務士として独立して20年に渡ってひとり起業～上場企業の労務管理に携わり、労働法改正や人材派遣分野の専門家として全国的に活動。ジェンダーやダイバシティ分野について、法律、キャリア、職場風土などの視点からの発信・提案や実務対応を行う。労働法や多様な働き方をめぐる登壇や寄稿多数。

　著書：『人材派遣・紹介業許可申請・設立運営ハンドブック』（日本法令）、『中小企業の「働き方改革」労務管理をスムーズに変える本』（秀和システム）、『トラブルを防ぐ！パート・アルバイト雇用の法律Q＆A』（同文舘出版）、『駆け出し社会保険労務士さんのための実務の学校』（翔泳社）など12冊（新刊執筆中）。

＜連絡先／コンサルティング依頼先＞
社会保険労務士法人ナデック　https://www.nudec.jp
〒510-0211 三重県鈴鹿市東旭が丘4－4－5ソシアハート102
TEL：059-388-3608
アメブロ：https://ameblo.jp/koiwahironori/
Facebook：https://www.facebook.com/koiwahironori/

寺田　智輝（てらだ　ともき）＝ともき

有限会社クロフネカンパニー所属
講演家・カウンセラー

生まれたときの体は女性として生を受け、心の性別は男性として生まれ、幼少期の頃から心の性別と体の性別の不一致に違和感を抱く。

性別の違和感は年齢を重ねるにつれ大きくなり、生きづらさを感じ生きていく。

自身の心のベクトルに体を合わせていくことを決意し、性転換手術をし、現在は戸籍変更をし、社会的にも男性として生活するものの、自分を認めきれずにいたときに、人生の師匠との出会いがあり、捉え方・考え方の視点が広がり、自分を認めることができるようになる。自身が抱えてきた悩みをさらけ出し、自分を認められずに悩む人に、勇気や希望を届ける、講演家になることを決意する。

現在、学校講演や、教職員研修、一般講演会など全国で講演活動をしている。

講演テーマ「知ることは愛のはじまり～みんな違ってそれがいい～」をテーマに、違いを学び合い認め合える優しい社会創りを目指している。

＜連絡先／講演依頼先＞
有限会社クロフネカンパニー　　https://kurofunet.com
〒 516-0007 三重県伊勢市小木町 560 － 8
TEL：0596-36-7800
寺田智輝　　https://t-tomoki.hp.peraichi.com/shiru
Facebook　　https://www.facebook.com/tomoki.terada.332
Instagram　　https://www.instagram.com/tomoki_terada_kouen/

ジェンダーフリーの生き方・働き方ガイドブック

2024 年 2 月26 日 初版

著 者 鎌倉美智子・小岩広宣・寺田智輝

発 行 所 株式会社労働新聞社
〒 173-0022 東京都板橋区仲町 29-9
TEL：03-5926-6888（出版） 03-3956-3151（代表）
FAX：03-5926-3180（出版） 03-3956-1611（代表）
https://www.rodo.co.jp pub@rodo.co.jp

表 紙 尾﨑篤史
印 刷 モリモト印刷株式会社

ISBN 978-4-89761-965-1